KB156697

그렇다면
정상입니다

혼자가 편한 것, 당연하다
좋아하는 일, 없을 수 있다
한두 가지 강박, 누구나 있다
나쁜 상상, 당연한 본능이다

그렇다면 정상입니다

하지현 지음

푸른숲

프롤로그

안녕하세요? 저는 오늘 여러분과 '생활기스'에 대해 이야기해 보려고 합니다. 중고품을 거래할 때 생활기스라는 말을 한 번쯤은 들어보셨을 거예요. 이 말을 처음 들었을 때 참 재미있다고 생각했어요. 쓰다 보면 어쩔 수 없이 생기는 흠집. 그렇다고 아예 사용할 수 없을 정도는 아닌 자국을 생활기스라고 하죠.

저는 생활기스를 삶에 대입해보자고 생각했습니다. 살다 보면 어쩔 수 없이 마음에 흠집이나 작은 스크래치들이 생기게 마련입니다.

그런데 어떤 분들은 그걸 결정적 흠이라고 여기고 속상해합니다. 인생은 한 번뿐인데 생활기스 몇 개로 나의 가치가 떨어져버렸다고 생각하니 얼마나 힘들겠어요? 하지만 실제로 살펴보면 이건 그야말로 생활기스에 불과한 경우가 많더라고요.

차가 완전히 망가졌다고 정비소에 왔어요. 정비공이 꼼꼼히

생활기스 좀
있다고 쓰레기
취급할래?

나 아직
따끈 따끈
하거든?

보니까 엔진도 괜찮고, 차체도 멀쩡해요. 다만 새벽에 누군가가 주차장에서 차를 긁고 가버렸더란 말이죠. 속상하고 화는 나지만 그건 망가진 것은 아니죠?

우리 마음도 그럴 때가 많습니다. 여러분과 이런 것들에 대한 얘기를 해봐야겠다고 생각했습니다.

제 진료실을 찾는 사람은 크게 두 가지 유형으로 나뉩니다. 하나, 치료를 받아야 할 정도로 심각한데 본인은 모르쇠고 할 수 없이 보호자가 억지로 끌고 오는 사람. 둘, 정신과에 올 정도는 아닌데 굳이 자기 발로 찾아오는 사람.

제 타깃은 두 번째입니다. '마음의 생활기스'에 시달리는 분들, '내가 혹시 정신적으로 문제 있는 거 아닌가?' 싶어 불안하고 초조해하는 분들, 이런저런 문제를 적당히 넘겨버리지 못하고 주저앉아버리는 분들, 왜 나에게만 이렇게 힘든 일이 벌어지는지 모르겠다고 호소하는, 습관적이고 만성적인 우울감에 빠진 '생활기스자'들이 있어요.

문제는 이 사람들이 생활기스 급의 문제를 너무 지나치게, 내지는 심각하게 받아들이는 경우가 많다는 겁니다. 이런 분들의 특징은 병리 현상에 상당히 민감하다는 거예요. 기침하면서 미열이 있으면 결핵부터 폐암, 에볼라 바이러스까지 바로 떠올리는 분들. 주변에서 한 번쯤 보셨죠?

이런 분들에게는 증상을 정확히 확인해주는 것보다 정상성에 대해 분명히 알려주는 것이 더 시급한 일입니다. 왜냐하면 정상과 건강 사이에 있으면서도 자신이 비정상과 정상 사이에 있다고 고민하는 분들이 너무 많거든요. 그래서 이것부터 말씀드리려고 해요. 제가 정상과 비정상을 나누는 기준은 크게 네 가지입니다.

첫 번째, 기본적으로 있어야 할 건 다 있고 없어야 할 건 없는 거예요. 되게 쉽죠? 아기가 태어나면 손가락이랑 발가락 개수 세어보잖아요. 우리 몸 안에 기본적인 기능들이 탑재되어 있는데 그 기능이 다 있어야 해요. 다 있어요? 그럼 정상이야. 다음으로 없어야 하는 게 없어. 그럼 그것도 정상이야. 암 세포가 없으면 정상인 것과 같죠.

비슷한 맥락에서 또 하나, 존재론적으로 뭐가 있느냐 없느냐로 보는 방법이 있어요. 학력을 속이고 다녀. 내지는 가족 사항을 거짓말해. 이건 없어야 하는 게 있는 거예요. "오늘 오시느라 힘드셨죠?" 그러면 사실은 되게 힘들었음에도 "아니에요, 편하게 잘 왔어요"라고 사교적으로 하는 거짓말이 있잖아요. 이런 건 있을 수 있죠.

그런데 자기 존재에 대한 거짓말은 아주 나쁜 사인 중의 하나거든요. 술을 마시는데 혼자서도 마셔. "누구랑 마셔요?" 하면 "모니터나 TV랑 같이 마셔요." 이런 소리 하면 그리 좋은 사인은 아닐 수 있어요. 그런데 매일 소주를 세 병씩 마시지만 아침 여덟 시면 출근해요. 일 잘해요. 그러면 그냥 술 많이 마시는 사람, 잘 마시는 사람이 되는 거죠. 그건 정상 범위예요.

두 번째, 스펙트럼의 관점에서 보는 겁니다. 모든 개체는 대략 확률적으로 평균 분포곡선 안에 들어 있어요. 밥그릇 거꾸로 엎어놓은 것처럼 좌우 대칭이 되는 모양이라 벨 커브(bell curve)라고도 해요. 이때 가운데를 중심으로 양쪽 밖으로 너무 나가 있지만 않으면 정상 범위 안에 있다고 봅니다.

아이큐가 가장 쉽겠죠. 아이큐가 70 미만이면 지적장애라고 얘기하고 위로 보면 130이 되는 거고. 그러니까 사실 머리 너무 좋은 영재들도 이상한 거예요. 키도 그렇죠? 대한민국 사람이라면 150에서 185 안에 웬만하면 들어갈 겁니다.

일요일에 집에서 아침, 점심, 저녁 다 먹을 거니까 저녁까지 먹고 한꺼번에 설거지해야지. 입고 있는 옷을 다 입고 나서 더 이상 입을 게 없을 때 빨래해야지. 이런 사람이 있을 수 있죠. 어떤 사람은 매번 한 끼라도 먹으면 그때그때 설거지를 다 해야 편해요.

어떤 사람은 나는 양말, 속옷 같은 걸 매일매일 빨아서 정리를 해야지, 그게 어디 쌓여 있는 게 너무 싫어. 있을 수 있어요. 이쪽에서는 다른 쪽을 이해하기 어렵겠죠. 하지만 둘 다 정상 범위 안에 있는 거예요.

그런데 집이 온통 쓰레기장이 되어 있고, 옆집 사람이 악취로 신고해서 〈세상에 이런 일이〉에 나온다던가, 강박증 환자같이 마스크 쓰고 장갑 끼고 병원에서 쓰는 공업용 소독액으로 매일 빡빡 닦아야 되고 집 안에 절대 아무도 못 들어오게 한다면 문제가 있다고 봐야겠죠.

세 번째는 삶의 궤적에서 보는 거예요. 사회가 우리에게 기대하고 있는 어떤 성취도가 있거든요? 우리가 가야 하는 길들이. 이게 요즘 큰 사회문제 중 하나예요. 궤적 안에 대강 들어가 있고 꾸역꾸역 숙제를 해나가고 있으면 정상으로 봅니다. 그런데 여기서 많이 이탈해 있거나 더 이상 나아가지 못하고

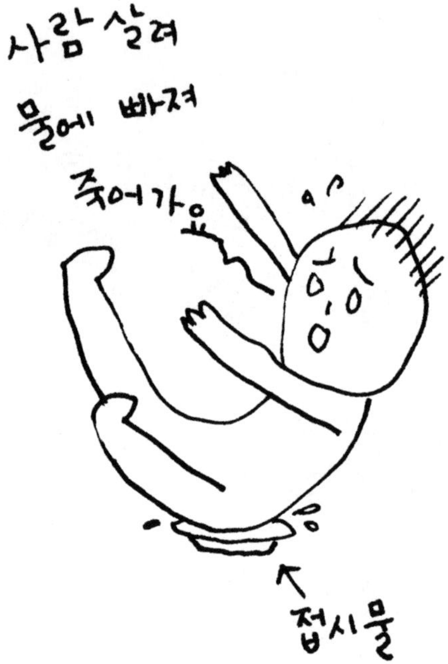
사람 살려
물에 빠져
죽어가요
접시물

한 지점에 머무르는 기간이 지나치게 길어지면 그때는 정상 범위에서 벗어났다고 보는 경우가 많아요.

예를 들어 나는 서른다섯 살 여자인데 아직 결혼할 사람도 없고 만나는 사람도 없어요. 엄마 아빠가 너무 걱정해요. 마흔 두 살 남성이에요. 훤칠하고 일도 잘하고 전혀 빠지는 게 없는데 만나는 사람이 없다고 남들이 다 성 정체성에 문제가 있지 않을까 의심해요. 하지만 나는 결혼에 관심이 없을 뿐이에요. 이런 궤적에서 사람들을 만나면 결혼은 언제 하니? 직장은 언제 갖니? 대학은 졸업했니? 애는 언제 낳을 거니? 결혼했는데 왜 애를 안 낳니? 하면서 엄청 물어대죠.

누구나 궤적 안에 딱딱 맞춰 들어가는 게 있어야 한다고 생각하는데 위아래 다섯 살 이내에 그 궤적에 도달하지 않으면 뭔가 이상하다고 보는 것들이 있어요. 그런데 한편으로는 그 궤적들을 딱딱 맞추는 게 사실은 굉장히 힘든 일이란 말이에요. 하나하나 성취하는 게. 못하면 비정상으로 보일 수 있죠. 그러다 보니 주관적으로 '나는 정상이 아닌가 보다'라고 지나치게 자책하는 일이 생기는 거예요.

이 부분들이 하나의 이슈라는 겁니다. 저는 어떤 면에서는 '세상에서 원하는 궤적에 머무르는 정도의 성취만 해내도 사실은 대단한 일이다.' 이렇게 말하고 싶을 때가 많습니다.

네 번째는 상황과 타고난 성격을 고려한 적응의 관점입니다. 내성적인 성향을 가진 사람이 수십 명 앞에서 발표를 해야 하거나, 낯선 사람과 만나면서 밝고 사회성 있는 척해야 합니다. 쉽지 않겠죠? 이때 느끼는 불편함을 불안 증상이라고 여기고 사회 공포증이라고 진단해야 할까요? 당연히 힘든 일인데요?

이때는 이분의 타고난 기질이 어느 정도로 예민한지, 또 지금 처한 상황이 타고난 성향과 어느 정도로 역방향인지 그걸 평가해야 합니다. 시간당 60밀리리터까지 오는 비를 처리하는 하수구에 시간당 100밀리리터나 되는 폭우가 내려서 역류했다면, 그게 비정상이라 말할 수 있을까요? 이런 관점이 필요하단 거죠.

❶ 수비범위 _ 있어야 할 건 있고 없어야 할 건 없는가

❷ 스펙트럼의 관점 _ 평균 분포곡선 안에 속하는가

❸ 삶의 궤적에서 보기

❹ 상황의 문제 vs 성향의 문제

그래서 정상을 정의할 때 이 네 가지 범위 안에서 살펴봐야 합니다. 그리고 난 다음에 '나는 정말 비정상일까?' 가슴에 손을 얹고 찬찬히 생각해봐야 합니다. 이런 정상 범위들을 잘 평가해보면요, 솔직히 말해서 웬만해서는 정상에서 벗어나기가 힘들어요. 거의 대부분 정상 범위 안에 있어요. 다만 기스가 나서 불편하고, 상황적으로 힘든 면이 있을 뿐이에요.

웬만해서는 정상에서 벗어나기가 힘들어요.

결국 생활기스를 통해 제가 궁극적으로 하고 싶은 말은 '보통의 삶이란 무엇인가'입니다. 매일의 일상은요, 사실은요, 재미없어요. 지루해요. 그리고 뻔해요. 아무 일도 안 일어나요. 그게 보통의 삶인 것 같아요.

그런데 많은 분들이 "왜 나는 해가 안 나고 매일 흐리기만 할까요?"라고 얘기를 해요. 화창한 봄 날씨가 365일 지속되기를 바라요. 아니면 뻑 하면 일주일에 한 번씩 빵 터지고 매일매일 롤러코스터를 타는, 드라마에 나오는 나를 바라요. 매번 엄청난 해프닝이 벌어지고, 사건에 연루되고, 비극의 주인공이 되고……

맑은 날만 계속되면 사막이 와요. 우리는 햇살이 내리쬐는 봄, 가을 같은 날씨만 바라는데 우리나라 1년 날씨 중 비 오는 날이 며칠인가 계산해보니 평균 100일 정도 되더라고요. 장마철까지 치면 1년 중 얼추 3분의 1은 비 오는 날, 흐린 날이에요.

인생이 이런 거예요. 놀기 좋고 야외 활동하기 좋은 날, 주말 이틀이 온전히 맑은 날이 1년에 며칠 안 되죠. 그럼 감사히 여기면 되는 거지 왜 오늘은 비가 오냐고 떼굴떼굴 구를 필요는 없다는 거예요.

요즘 정신분석, 정신상담 이런 데 관심 가지는 분들이 많으신데 이걸 통해서 뭔가를 기대하시는 것 같아요. '나는 엄청 특이한 비극의 주인공이야!'라고 여기고 정신분석을 받거든요. 그러나 나중에 깨닫는 건 '이게 살면서 얼마든지 있을 수 있는 보통의 불행이구나'로 바뀐다는 거예요.

나에게 일어나는 일이 분명 있어요. 그게 없어지는 것은 아니에요. 하지만 있을 수 있는 불행한 일들이 생긴 거예요. 그걸 인정하고 '내 인생에 이런 일들이 일어났구나' 하고 생각할 수 있으면 그 사람은 치료가 잘된 거라고 프로이트 할아버지가 말씀하셨거든요. 그렇게 여기자는 겁니다.

☑ ☺
☐ ☹

정상과 건강 사이에 있으면서
자신이 비정상과 정상 사이에
있다고 여기는 사람들이
의외로 많다.

1장

나는 내가
제일 어렵다

친구도, 인간관계도
다 귀찮아요

30대 초반 직장 여성입니다. 갈수록 인간관계 맺는 게 귀찮아져요. 사실 어렸을 때부터 친구 사귀는 데 큰 관심이 없었습니다. 친구가 없는 건 아니지만, 혼자 지내는 게 더 편하거든요. 그래서 친구들이 먼저 연락하지 않으면 제가 나서서 약속을 잡지는 않는 편이에요.

처음에는 이게 그냥 제 성격이라고 생각했는데, 오래가는 죽마고우가 없다 보니 어느 순간 '나한테 문제가 있나?' 하는 걱정이 생겼습니다.

가만히 생각해보니 저는 인간관계를 유지하기 위해 쏟는 에너지를 좀 아까워하는 것 같아요. 그래서인지 연애에도 큰 관심이 없습니다. 누군가를 만나서 밥 먹고 차 마시고, 서로 알아가는 과정 자체가 스트레스라고나 할까요? 그래도 막상

정말이지
떠오르는
친구가 없어요.

만나면 대화도 잘하고 애프터도 많이 받지만요.

회사에서는 분위기 메이커 역할도 잘하고 친구들도 모임이 있을 때 저를 자주 부르는 편이라 주변에서는 제가 이런 고민을 하고 있다는 걸 모릅니다. 그래서 말하기가 창피하네요.

귀차니즘도 아니고 왕따도 아닌데 인간관계가 귀찮은 건무슨 문제 때문일까요?

당신이 정상적으로
일하고 있다는 증거

많이 보시던 분이죠? 아마 본인이 이분과 비슷하다고 생각하는 분들이 많을 것 같아요. 요즘 이런 분들 굉장히 많아요. 그러면 혼자 지내면 되는데 이걸 문제라고 생각하면서 우리한테 꼭 사연 보내요. 혼자 잘 지내면 되는데.

인간관계를 유지하기 위해 쓰는 에너지 자체가 아깝다는 것, 이해합니다. 이분이 30대 초반 직장 여성이거든요? 30대 초반이 제일 힘든 시기예요. 여성이니까 7~8년차쯤 됐을 텐데 그때가 회사에서 가장 힘든 시기예요. 삶의 궤적에서 볼 때.

이 시기에는 사회에서 생존하는 데 굉장한 에너지를 투자하고 있거든요. 20대 중반만 해도 퇴근하면 영혼은 다시 돌아오기 때문에 편하게 살 수 있어요. 회사는 월급 버는 곳이고, 퇴근하면 자유로울 수 있고, 밤에 놀 에너지도 남아 있어요. 그런데 이 나이쯤 되면 사회적 정체성이 꽤 중요하게 내 머릿속에 들어오기 때문에 항상 일에 대한 고민을 하고 압박감을 느끼며 살아가요. 정상적으로 회사 생활하는 사람은 다 그래요. 항상 80~90퍼센트는 회사에 기가 빨리고 온다고 생각해요.

그러니까 어느 순간부터는 개인적으로 누굴 만난다든가 하는 최소한의 에너지와 비용도 낭비라고 생각할 수 있는 거죠. 대신 다른 사람들보다 일할 때 좀 더 에너지를 많이 쓰고, 거기에 대한 피드백은 별로 없고, 빨리 바닥이 드러나는 분일 가능성은 커요. 그래서 어느 순간부터는 이래도 되나 싶을 정도로 지출을 통제하고 있는 거예요.

그러면 이런 분들은 이렇게 얘기하죠. "제가 그릇이 작아서요." 그런데 우리는 이미 다 자랐어요. 더 이상 못 커요. 그릇이 큰 사람은 그냥 존경받을 만한 분이고 나는 나라고 생각해야 해요.

나라는 컵을 잘 관리하기

우리는 다 컵 같은 사람이에요. 대부분의 인간은 컵입니다. 냉면 그릇이 아니에요. 다행인 건 여러분이 소주잔은 아니에요. 조금만 부어도 만날 넘치는 건 아니야. 나는 컵인데 사이즈가 톨이냐 라지냐 이 사이에서 왔다 갔다 하지 갑자기 1리터짜리 컵이 되거나 하는 건 아니라는 겁니다.

그러니까 우리가 앞으로 생각할 것은 '어떻게 하면 이 컵을 잘 관리할까?'인 거죠. 그릇의 크기보다 그걸 고민하는 게 더 중요해요. 내 그릇을 키우겠다, 근본적인 개혁, 이런 게 아니고 나라는 사람의 컵을 잘 운영하는 거예요. 아주 심플합니다.

인간관계를 유지하기 위해 쓰는 에너지 자체가 아깝다는 것, 이해합니다.

자, 위에 보이는 컵을 지금부터 나라고 칩시다. 여기 인풋(input)과 아웃풋(output)이 있는 거예요. 아주 쉬워요. 인풋은 나에게 오는 수도꼭지들이야. 일일 수도 있고 가족일 수도 있어요.

대개 저는 수도꼭지가 네 개 정도라고 생각합니다. 하나는 공적인 나, 두 번째는 가족 안에서의 나, 세 번째는 친구나 애인하고의 관계, 네 번째는 내 삶의 궤적, 즉 나는 어떤 사람이어야 할까 생각하는 것들.

이 네 개 안에서 어떤 건 잠겼다가 열렸다가 하면서 물이 콸콸 쏟아지는 거예요. 이분은 점점 '일'이라는 수도꼭지가 커진 거예요. 점점 많이 들어오거든. 여차하면 넘칠 것 같은 거예요. 그러니까 친구나 사적 관계에 사용하는 수도꼭지를 자꾸 잠그고 싶은 거죠. 왜냐하면 일은 내가 조절할 수 있는 게 아니니까. 하는 수 없이 내가 조절할 수 있는 사적인 수도꼭지를 잠글

존경받을 만한 분

속 좁은 애   나

수밖에 없는 거예요. 나의 즐거움들을 줄이는 거지. 나라는 컵이 이걸 감당해야 하니까. 좀 불쌍하다. 그죠?

그릇이 큰 사람은 그냥 존경받을 만한 분이고 나는 나라고 생각해야 해요.

또 하나, 우리는 각자 나름의 배수구가 있어요. 수도꼭지가 인풋이면 배수구는 아웃풋이에요. 들어오는 것만큼 나라는 컵에서 물을 빼내는 장치도 있게 마련이죠. 어쩌다 한 번씩 떠나는 여행일 수도 있고요, 내가 좋아하는 음악을 들으러 가는 것일 수도 있고요, 철마다 좋은 옷을 한 벌씩 사는 것일 수도 있고요, 아니면 부모님한테 용돈을 탁 드리면서 효녀 역할을 한다거나 동호회 활동 같은 걸 통해서 기분을 좋게 한다거나.

그런데 경우에 따라서는 이게 막힐 수도 있겠죠. 그러면 나에게 주어진 스트레스는 똑같은데 어느새 물이 넘칠 정도로 수위가 확 올라갈 수 있어요. 이런 이슈들을 인풋과 아웃풋 문제로 생각해볼 수가 있다. 산술적으로 아주 간단하게 그려볼 수 있어요.

전체적으로 정상적인 삶을 살고 있음에도 불구하고 뭔가 문제가 있다고 생각할 때의 상당수는 이런 인풋과 아웃풋의 문윗사람한테도 잘하고 밑의 애들도 잘 챙기고. 그러니 얼마나 힘들겠어요?

제인 경우가 많아요. 특히 이분은 30대로 올라가면서 회사에서 서바이벌 하는 문제가 상당한 스트레스로 다가오고, 그 부담 때문에 나머지 영역들을 어쩔 수 없이 희생하게 되면서 자신이 점점 고립되고 있다고 느끼는 것 같아요.

그런데 막상 소개팅을 하면 대화도 잘하고 애프터도 많이 받는대요. 제가 이분이 나름 건강하다고 생각하는 건 이 부분이에요. 이건 자존감이라고 얘기할 수 있는 부분이거든요. 그래도 다행히 '나 괜찮은 사람이야'라는 게 있어. '단지 지금 상황이 이럴 뿐이지 나도 하려면 해'라는 마음은 있는 거예요. 나쁜 면만 있는 게 아니라.

저는 사람이 갖고 있는 여러 가지 면모 중 자산이 될 만한 부분도 동시에 봐야 한다고 생각하거든요. 이건 좋은 자산이에요.

일단 분위기 메이커 역할을 한다는 건 회사에서 엄청 열심히 자기 직분을 다하고 있다는 얘기죠. 회사에서 허리 역할을 잘하는 분이라는 뜻인 것 같아요. 윗사람한테도 잘하고 밑의 애들도 잘 챙기고. 그러니 얼마나 힘들겠어요? 그러니까 사적인 걸 희생하게 되는 거야.

이 사연을 30대 후반의 유부남으로 바꾸면 이렇게 될 거예요. '가족들과 보내는 시간이 없어요. 회사에서는 인정받고 잘 나가고 굉장히 사회성 좋다고 알려져 있지만 가족들은 나를 돈 벌어오는 기계로 알아요.' 이거랑 똑같아요. 친구들 만나는 거 좋아하는데 동창들 만나는 건 부담스러워요. 왜냐하면 거래처랑 늘 술을 마셔야 하기 때문에 친구들하고도 술을 마시면 너무 괴로우니까. 그래서 아예 연락을 안 할 때도 있어요. 이런 얘기랑 같은 맥락이라고 볼 수 있다고 생각하시면 돼요.

이럴 땐
나쁜 사인

다만 '제가 먼저 나서서 약속을 잡지는 않는 편이다'라고 하셨는데요. 약속을 안 잡는 것까지는 괜찮은데 떠오르는 죽마고우가 한 명도 없다는 건 나쁜 사인이에요. 이 사인은 썩 좋지 않아요.

예를 들면 이런 겁니다. 지금 당신 어머니가 돌아가셨거나 갑자기 응급실에 가야 하는 상황이다. 그때 딱 떠오르는 사람이 있나? 떠오르는 사람이 없거나 10초가 지나도 답을 못하거나 예전엔 있었지만 안 만난 지 너무 오래됐다 하면 저는 좀 나쁜 사인이라고 봅니다.

혼자 지내는 것까지는 정상! 누구랑 만날 다녀야 해, 이런 건 아니에요. 그것도 이상한 거예요. 만날 누구랑 붙어 다니는 것도. 하지만 떠오르는 사람조차 없으면 그것은 다소…… 한 명만 있으면 돼, 한 명. 그렇다고 열 명 있어야 한다는 건 아니에요.

그래서 제가 이분에 대한 진단을 내리자면 자기애적인 안빈낙도(安貧樂道)를 하고 있어요. 마음이 가난하게 살고 있는 거예요. 일단 내가 살아야 해. 그러니 나를 굉장히 위축시켜서 축소된 채로 살고 있거든요.

다행인 건 아주 나쁘지는 않아요. 나는 괜찮은 사람이다, 애프터도 받을 수 있고 회사에서도 인정받고 있다, 라고 생각하니까 그나마 그 부분은 잘 돌아가고 있다고 볼 수 있어요. 다만 걱정되는 건 만나는 친구가 없다는 거. 그러다 보니까 아예 다 끊어져버린 거. 이건 나쁜 사인입니다.

그래서 이분에게 드리고 싶은 말씀은 관계가 꼭 스트레스만

주는 게 아니라 에너지 선순환도 있다는 거예요. 인풋의 측면에서도 볼 수 있지만 아웃풋이라는 측면에서 봐도 친구를 만나는 것이 배수구가 된다는 거죠. 좋은 친구 만나서 기분 좋고 재미있게 놀면 나한테도 나름 좋은 에너지가 오잖아요. 그런 생각을 한번 해보시면 좋겠어요.

지금 일상에서는 평균치를 조금 벗어난 부분이 있으니까 그 부분에 신경을 써서 선순환을 만들어보시면 어떨까요? 이분이 병은 아니에요. 무슨 히키코모리나 그런 게 아니니까요. 그런 생각을 하셨으면 좋겠습니다.

30대 초중반이 가장 힘든 시기다.
사회에서 살아남는 데
가장 많은 에너지를 투여하니까.

당신도 그렇다면
정상적으로 회사 생활을
하고 있다는 뜻이다.

굶고 운동하지 않으면
불안해요

30대 여성입니다. 직장 다니면서 생긴 버릇이 있는데 케이크 나 타르트 같은 고칼로리 음식을 먹고 나면 살이 찔 거라는 불안감에 며칠 동안 엄청 운동을 하고 저녁을 굶습니다. 일 주일에 두세 번 정도 그러다 보니, 어느 순간 저녁이나 디저 트를 먹을 땐 죄책감을 느끼게 되었어요.

저는 몸매에 대한 집착이 강하고 평소 다이어트 기사나 방 송을 보는 것도 좋아합니다. 또 일 욕심이 많은 편인데 회사 에 다니면서 외모에도 점점 엄격해지고 있습니다. 아무리 친 해도 뚱뚱한 친구를 보면 솔직히 한심해 보이기도 하고 약간 의 우월감을 느낄 때도 있어요.

다행히 배가 불러도 계속 먹거나, 먹고 토하지는 않습니

다. 그리고 주변에서는 저를 보고 왜소하다, 날씬하다는 말을
많이 합니다. 그래서 같이 어울릴 때도 '다이어트 중이라 안
먹겠다'라는 말을 잘 못합니다.

　　매번 음식 때문에 스트레스 받는 것 자체가 피곤합니다.
이러다가 혹시 폭식증, 거식증에 걸리거나 병이 생기는 건
아닐까요?

우리가 알고 있는 폭식은
폭식이 아니다

결론부터 말하면 정상이에요. '먹을 게 땡긴다'는 건 정상 반응이거든요. 금요일이나, 이사를 했거나 육체노동 빡세게 한 날이면 우리 뇌는 보상을 요구합니다. 그건 지극히 정상이에요. 근데 원하는 보상은 사람마다 달라요. 일반적으로 세 가지인데 단 것, 탄수화물, 기름진 거예요.

사람마다 다르지만 주로 자기가 좋아하는 것을 강하게 요구해요. 특히 지쳤을 때. '칼로리가 떨어지면 뇌는 보상을 원한다.' 이걸 먼저 생각해두면 좋겠고요. 흔히 '당 떨어진다' 이런 말 하잖아요? 이게 꽤 과학적인 근거가 있다는 겁니다.

빡세게 일한 날,
왠지 먹을 게 땡기는 이유

우리 뇌가 체중의 40분의 1이래요. 겨우 2.5퍼센트예요. 우리 몸무게의 2.5프로를 차지하는데 얘가 요구하는 칼로리는 우리의 일일 칼로리의 20퍼센트나 돼요. 우리가 2,000칼로리를 먹는다면 400칼로리를 얘가 써먹는 거예요. 아주 저효율에

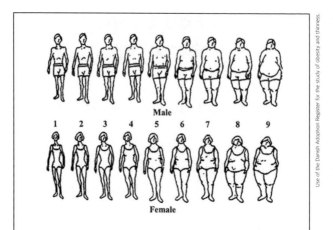

보디 이미지

고비용 기관이죠. 아주 비싼 기계예요, 뇌가. 그건 곧 당 떨어지면 제일 먼저 얘부터 맛이 간다는 얘기겠죠? 손발 떨리는 것도 있지만 얘부터 짜증이 나는 거예요. 에너지가 떨어지면 빨리 보충하라고 뇌에서 판단을 내리는 거예요.

그러니 나 오늘 기름진 것 좀 먹어야겠어. 난 단 걸 먹어야 해, 빵 좀 먹어야겠어. 이런 생각을 하게 만들어져 있어요. 그게 인간이에요. 그러니까 빡세게 일한 날에는 왠지 막 먹어야 될 것 같은 거야. 내가 그래줘야 할 것 같은 거지. 아니, 그래도 될 것 같다, 그럴 자격이 충분하다, 이렇게 판단한다는 겁니다. 그래서 꼭 회식 메뉴가 곱창, 삼겹살, 짜장면, 치맥 이런 게 되죠.

당 떨어지면 애부터 먼저 맛이 가겠죠? 그러니까 빡세게 일한 날에는 왠지 먹어야 될 것 같은 거예요.

하지만 곧 죄책감을 느껴요. 그런 걸 먹으면 살찐 것 같으니까. 그래서 굶고 반성한단 말이야. 한편으로는 최근 트렌드가 살이 찌면 자기 관리에 실패한 사람이라고 보는 것도 있죠. 물론 계몽할 대상이긴 하지만 그런 부분이 존재한다는 건 일단 인정하자는 거예요.

지금 보여드리는 게 '보디 이미지 스케일'인데요. 앞에 앉으신 분, 이 표에서 본인이 원하는 이미지가 몇 번이면 좋겠어요? 2번 내지 3번? 맞습니다. 우리나라 사람들 대부분 2와 3을 원해요.

체질량 지수라고 들어보셨죠? 문제는 우리나라 사람들이 원하는 2와 3은 저체중에 속한다는 거예요. 근데 그걸 이상적인 체중이라 여기고 있어요.

여성이 키가 160인데 56킬로그램이라고 하면 자신이 살쪘다고 생각해요. 43킬로그램 정도 되어야 하니까. 그게 내가 원하는 베스트 몸무게인데 대부분은 그렇지 못하잖아요. TV 영향이 너무 큰 거예요. 이영자 씨 실제로 보면 괜찮대요.

암튼 신체 이미지가 나의 자아상이 되다 보니 소아 비만아들이 중학교 고등학교 올라가면서 계속 뚱뚱하게 지내게 되고, 그러면서 자아상도 굉장히 열등해지는 경우를 많이 보게 돼요.

밖에서 밥을 못 먹으면
배드 사인

아까 먹토 하니까 많이 웃으셨는데요. 먹고 토하는 사람 굉장히 많습니다. 그런 사람에게 보이는 걸 '러셀 사인(Russell's sign)'이라고 하는데요. 손등에 굳은살이 박여요. 이쯤 되면 나한테 와야 해요.

이런 분들은 9대 1로 여성이 많고요. 대개 살이 찌는 체질이에요. 안타깝지만 먹으면 살로 가는 사람들이 분명 있어요. 그리고 거의 예외 없이 다소 과체중이었던 때가 한 번쯤 있어요. 자기 인생에서 최고의 몸무게였던 때가.

그다음에 죽음의 다이어트를 한 적이 꼭 있어. 그러니 체중이 조금이라도 늘어나는 데 대한 공포가 있겠죠. 그게 일상에 지장을 줄 정도로 반복된다면 병으로 봐야겠죠?

그럼 어느 수준이어야 병이냐? 밖에서 밥을 못 먹어요. 공중화장실에서 토할 수가 없으니까. 그래서 친구를 못 만나. 집에서 혼자 왕창 먹고 토하는 거예요. 체했을 때 토하면 속이 시원하잖아요? 후련한 게 있거든. 막 짜증나면 또 먹어. 먹고 확 토해버리면 된다고 생각하니까.

그게 버릇이 되면 비정상이에요. 남자 친구랑 다퉜거나 과제 때문에 교수님한테 혼났을 때 머릿속에 '빨리 집에 가서 먹고 왕창 토해야겠다'라는 생각이 들어. 죄책감이 확 생겨! 하지만 그걸 해야 속이 시원해. 이러면 굉장히 나쁜 사인이에요.

우리 다 폭식해요. 하지만 여러분이 생각하는 폭식은 폭식이 아니에요. 라면 한 개 다 먹어요? 밥도 말아 먹어요? 젊은 여성분이 라면에 계란 넣어서 다 먹고 밥도 먹었어요. 그러면 '나는 죄를 지었어'라고 생각할 겁니다. 콤비네이션 피자를 세 조각 먹었어. 미쳤나봐, 내가. 이런 생각 들잖아요?

진짜 폭식을 하는 사람은 피자 한 판, 통닭 한 마리, 이걸 한 번에 하나씩이 아니라 쭉 이어서 먹어요. 그리고 두 줄씩 파는 스펀지케이크를 우유랑 같이 먹어요. 빨리 잘 넘어가게.

그리고 통에 담긴 아이스크림을 마지막으로 먹어주는데, 선수들은 이걸 전자레인지에 돌릴 줄 알아요. 1분쯤 돌리면 떠먹기 좋아. 얼어 있는 걸 먹으면 짜증 나거든요. 그쯤 돼야 '폭식증이다, 병적이다'라고 얘기해요.

그에 비하면 이분이 보이는 수준의 스트레스는 정상 범위예요. 오히려 이 정도면 제가 보기에는 누구나 갖고 있는 일반적인 평균보다도 낮아요.

이분이 뚱뚱한 사람들에게서 느끼는 우월감, 당연히 있을 수 있고요. 사실은 부모님한테 좋은 선물을 받은 거죠. 살 안 찌는 체질을 받았다는 건. 그렇게 생각하시면 좋겠습니다.

☑ ◡

☐ ◠

먹으면 살로 가는 사람들이
분명히 있다.
그러니 살찌는 게 두려운 건
당연한 거다.

남자 때문에 무너진 자존감,
나는 똥인가봐요

자신감 있고 쾌활한 30대 초반 여성입니다. 그럭저럭 봐줄 만한 외모에 말도 잘해서, 어디서건 도드라지는 편이에요.

제 고민은 '내가 똥인가?' 하는 겁니다. 저는 역할 강박이 있어서 동아리 회장을 할 때는 대표자의 역할에 충실해야 하고, 선배다운 모습을 보여야 한다는 식의 생각을 자주 했습니다. 그래서 학생 때는 제대로 된 연애를 별로 해본 적이 없어요.

그러다 일상을 던져버리고 떠난 곳에서 소위 세상의 모든 틀을 거부하는 사람을 만나 사랑했습니다. 상식적으로 전혀 납득이 되지 않는 상황에서도 '아, 내가 정말 이 사람을 사랑하나보다'라고 느꼈죠. 그 사람을 만난 후로 많이 달라져서

원나잇이 어렵지 않게 되었고 섹스는 놀이가 되었어요.

　그러다 A를 만났죠. 좀 천천히 친해지고 싶었는데 그놈의 술과 분위기 때문에 같이 잤고, '이 사람을 좀 더 알아보고 싶다'는 생각이 들었습니다. A는 저를 사귈 생각이 별로 없어 보였지만 '아직 잘 모르니까. 그리고 일단 내 감정이 중요하니까'라고 생각해서 잘해줬어요. 그래도 A는 여전히 뚱해요.

그러던 와중에 저에게 엄청 적극적으로 호감을 표시하는 B를 만났어요. 얘기도 잘 통하고 재미있어서 진짜 좋은 친구가 생겼다 생각했죠. 그런데 정말 생각도 못한 상황에서 B가 스킨십과 섹스를 시도했고, 저는 거절했습니다.

나중에 B가 자기감정이 너무 앞섰다고 말하더라고요. 술김이었다고 발뺌하지 않고 자기 행동에 대해 맨 정신으로 얘기하는 걸 보니 '이 남자 진짠가?' 싶고 호감도 커져서 그날 섹스했어요.

그런데 하루를 같이 보내고 나니 섹스하기 전보다 심드렁해졌어요. 만나면 늘 잘해줘서 저도 진심으로 이 사람과 감정이 오가는 것 같았는데, 제가 다가서려 하니 이제는 친구로 지내자 합니다. 황당했어요.

저는 평소에도 자존감이 쩌는 캐릭터인데요. 혹시 제 나르시시즘의 밑바탕에 나의 열등감이 있는 게 아닐까, 그 열등감의 정체는 뭘까……

이런 생각을 하고 있던 차에 이런 일들이 연달아 생기니

감정이 휘청거리고, 또 열등감 덩어리인 저를 발견한 것만 같아서 얼굴이 화끈거리고 혼란스러워요. '난 섹스하기엔 만만하고 사귀기는 싫은 여자인가?' 싶어 자괴감도 들고요.

열등감이 있다면 부정하고 싶지 않고 있는 그대로를 직면하고 싶은데, 무엇부터 찬찬히 짚어봐야 할까요?'나는 그것들이 우습게 볼 사람이 절대 아니니 상처받을 필요 없어. 가치판단 하지 않아도 돼'라고 생각하는 게 자존감일까요?
'너무 심각하게 생각하지 말자. 그저 타이밍이 안 맞았을 뿐이다' 하고 마음먹고 있지만 그래도 혼란스러운 맘은 어떻게 해야 할지 감당이 안 됩니다.

똥인 줄 알았는데
알고 보니 금덩어리

이분은 어떤 분이냐면요. 제가 쭉 이해한 바로는 괜찮은 사람이에요. 괜찮은 사람이 사랑을 알아가는 과정인 것 같아요. 근데 더 좋은 건 사랑을 책으로 알아가지 않고 몸으로 경험해서 알아가고 있어요. 그런 면이 저는 굉장히 존경스럽고 좋은 일이라고 생각합니다. 책만 많이 본 사람보다 훨씬 나아요. 소설책, 이상한 심리서 100권 본 사람보다 훨씬 낫습니다.

'난 이래야 돼!' 이런 기준이 되게 높은 분 같아요. 어떻게 보면 역할 강박의 초자아가 엄청 강한 사람이고 나는 이래야 한다고 생각하는 기준점이 상당히 높은 분이에요. 그래서 거기에 걸맞게 성취도 잘해온 분일 거라는 생각이 듭니다.

근데 그렇게 높은 기준에 맞춰 살아가는 건 굉장히 힘든 일이겠죠? 당연히 지쳐요. 그러니까 떠나버린 거죠. '열심히 일한 당신, 떠나라!' 그런 것처럼 다 던지고 떠난 거예요.

그 얘기는 뭐냐 하면 그만큼 충동성이 있어요. 나쁜 의미의 충동성이 아니라, 에너지가 많은 분이란 뜻이에요. 안에서 화악 올라오는 에너지들이 꽤 많고요. 야생마인데 얘를 잘 잡기 위해서 굉장히 무거운 끈과 고삐로 꽉 쥐고 있는 사람이었던 거예요.

그렇다고 가운데에 끼여 있는 자아가 찌부러져서 이도 저도 못하냐? 그렇지도 않아. 그래서 이분이 180도 다른 삶을 살면서도 멘붕이 안 온 거거든요. 쿨하게 배운다는 마음으로 이 남자를 만날 수 있던 거죠.

진정한 자기애란
바로 이런 것

여기서 제가 보는 이분의 장점 첫 번째! 그만큼 자아가 강하다는 거예요. 이건 참 좋은 자산이에요. 자아가 약한 사람이라면 아마 이럴 겁니다.

확 떠나서 히피 같은 남자를 만나 하룻밤 자고 같이 생활하는데 그 사람이 딴 여자랑 시시덕거리고 자고 있는 걸 보면 "어떻게 네가 나한테 이럴 수 있어!"라는 분노부터 생기고, 그때부터 그 일은 이분에게 지울 수 없는 트라우마가 될 거예요.

분노가 끓어오르면서 너도 죽고 나도 죽고 이런 얘기. 그 후 나의 인생은 완전히 복수의 삶이 됐어요. 일반적인 스토리라면 이런 얘기가 돼야 해요. 아니면 거기서 헤어 나오지 못하고 있어요, 쓰레기 같은 놈을 만났어요, 이런 유.

하지만 이분은 그렇지 않았단 말이에요. 이걸 통해 얻은 것도 있고, 망가지지도 않았고, 지금도 그걸 트라우마로 인식하고 있지 않아요. 무던해서 그런 게 아니라 자아가 튼튼하고 건강해서 그런 거예요. 이게 첫 번째 좋은 점입니다.

> 책으로 사랑을 알아가지 않고 몸으로 경험해서 알아가고 있어요. 그런 면이 굉장히 존경스러워요.

두 번째 이분의 좋은 점은 사랑을 통해 배워요, 삶의 방식을. 책으로 공부하고 어디서 주워들어서 머리로만 아는 게 아니라, 무엇이든 직접 몸으로 부딪히고 경험하면서 배워요.

흡수 능력이 상당히 좋은 분이에요. 그게 두 번째로 참 좋은 점이에요. 이런 능력은 흔치 않아요.

자, 멀리 떠났던 이분이 다시 일상으로 돌아왔어요. 그 남자와의 관계도 끊고. 어떻게 보면 웬디가 네버랜드에 갔다 온 거예요. 일상으로 돌아올 수 있었다는 얘기도 이분이 상당한 능력자라는 뜻이 되겠죠. 돌아오면 내게 남은 자리가 없을까봐 우리가 못 뜨는 거잖아요. 아니꼽고 더러운 일에 시달려도. 그런데도 이분은 자기 공부를 하든 잡(job)을 가지든 했단 말이에요.

게다가 정반대의 삶을 살기 시작했죠. 이 남자 친구랑 만나는 기본적으로 똥치고 너무 훌륭한 똥이에요. 동안 자아가 열린 채로 굉장히 자유롭게 이쪽 끝에서 저쪽 끝까지 왔다 갔다 했다는 얘기예요. 그러면서도 자아가 붕괴되거나 훼손되지 않았어요. 즉 '나를 잃어버렸어'가 없이 오히려 나를 온전히 보존할 수 있었던 거죠. 그걸 '자기(self)'라고 얘기해요.

이분은 기본적으로 튼튼한 분인 것 같아요. 그만큼 나르시시스트인 것 같아요. 자기애가 꽤 발달되어 있고, 자존감 쩌는 캐릭터 맞는 것 같아요. 반할 만한 외모일 가능성이 많아요. 한눈에 반할 만한 외모는 아니지만 두 번 보면 반할 것 같아. 매력 있는 얼굴이란 소리거든요.

대개 여성분들이 자기가 그럭저럭 봐줄 만한 외모라고 말하는 건 상당히 괜찮다는 얘기죠? 자기 입으로 이렇게 얘기한다는 건. 그 정도로 얘기해도 부끄럽지 않은 사람이라는 거죠.

포테이토칩같이
바스라지기 쉬울 때

드디어 세 번째, 밀당을 하다가 드디어 B를 간택했는데 감히 이 인간이 친구로 지내재. 이게 기스죠. 이게 생활기스예요. 사랑에 기스가 생긴 거예요. 나의 마음과 옥체가 이런저런 단련을 통해서 드디어 완전체가 됐다고 생각했는데, 그래서 내가 드디어 모든 걸 잘할 수 있는 삶을 살게 됐는데 감히 얘가 친구로 지내자고 해요.

그럼 난 도대체 뭘까? 나와 너의 관계는 뭐야? 그동안 너는 왜 나한테 잘해준 거야? 친구로 지낼 거면서 섹스는 왜 해? 일반적으로 알려지기로는 그렇지 않은데. 내가 아는 너는 그런 애가 아닌데. 내가 그렇게 헤퍼 보이나? 내가 그렇게 만만해 보였나? 이런 쪽으로 생각이 옮겨 가니까 나는 똥인가? 하는 데까지 가는 거예요.

즉 완전한 준비가 됐다고 생각하고 딱 시도했는데 거절당하는 순간 난 앞으로 뭘 해도 거절당할지 모른다는 갑작스러운 혼란이 온 거예요. 그 혼란에 시달리고 있는 게 지금 이분의 문제입니다. 근데 기본적으로 똥치고 너무 훌륭한 똥이에요. 황금똥 같은 거예요, 이게.

그러니까 똥이라고 생각하지 마세요. 제가 보기에는 상당히 튼튼하고 능력도 있어요. 남한테 계속 휩쓸려 다니지 않으면서 자기 삶을 살아왔고 이쪽 끝에서 저쪽 끝까지 다 경험해봤어요. 그것도 몸으로.

동아리 회장하면서 '연애는 해서는 안 돼!'도 해봤고 800일 동안의 미지근한 관계도 해봤고 섹스부터 하는 관계도 해봤고 자유분방한 남자도 만나봤고 스테디(steady)한 관계를 한번 가져보려고 밀당도 해봤어. 한 번에 두 사람도 만나본 거예요. 와, 대단한 거죠.

자, 그럼 이 얘기는 뭐냐 하면요. 또 할 수 있다는 거죠? 그리고 뭔가 괜찮은 사람을 만나면 바로 양질 전환이 될 겁니다. 똑같은 누런색인데 '어, 나는 금덩어리네'라고 느끼는 부분이 올 거라는 생각을 해요.

그래서 지금 이분이 느끼는 감정은 일시적인 우울감이라고 할 수 있습니다. 자존감에 상처가 온 거예요. 영어로는 리젝션 센시티비티(rejection sensitivity)라는 말, 자존감이 강하고 자기애가 강한 사람일수록 거절함에 대한 예민함이 굉장히 커요. 그동안 내가 차면 찼지 남이 나를 찬 적이 없었거든요.

근데 처음 그걸 당하니까 '어?' 하는 거죠. 하지만 인간관계에서는 그런 것에 익숙해져야 하고 굳은살이 박여야 될 일들이죠? 그래서 열등감이 있다면 부정하고 싶지도 않고, 있는 그대로 직면하고 싶다고 복잡하게 얘기하고 있지만 사실 이분은 열등감이 별로 없는 분이에요.

제가 이분에게 말씀드리고 싶은 건 '괜찮아'예요. 제가 보기에는 똥이라고 하기엔 너무 훌륭해요. 영양가가 너무 많아. 그렇기 때문에 똥이라고 생각하지 마시고 시간이 지나면 뭔가 다른 게 있을 거라는 겁니다. 차이기까지 해봤으니까, 똥이라는 생각이 들 정도로 이성 관계에서 바닥까지 가봤으니까 사실상 '완전체'가 된 게 아닐까요? 일시적인 아픔일 뿐이라고 생각합니다.

지금 이 시점에서 이분에게 필요한 건 '허세'입니다. 어떨 때는 허세가 낫다는 겁니다. 이런 상황에서는요. 내가 똥이 된 것 같아. 그걸 해결하는 방법은 '나 괜찮아'야. '나 죽지 않았어.' 아마 이 자리에 와 계실 텐데 좀 세게 칭찬해드립니다. 당신 알고 보면 멋진 사람, 정말 괜찮은 사람이라고. 똥 같아 보이지만 알고 보면 똥 모양의 골드바예요.

가끔 우리가 포테이토칩같이 바스라지기 쉬울 때가 있어요. 내가 바스라질 만큼 약한 사람이 아닌데 가끔 그렇게 될 때가 있어요.

그럴 때는 나를 보호해주기 위해서 질소 가스를 넣어야 돼요. 60그램밖에 안 되는 포테이토칩 봉지가 빵빵해 보이도록. 이렇게 바스라지기 쉬울 때 여러분이 포테이토칩 같은 마음을 가질 필요가 있다는 겁니다.

우리에게도 가끔은 그런 게 필요해요. 항상 허세로 살라는 건 아니지만. 그건 나쁜 거죠, 블러핑(bluffing)하는 건.

하지만 우리가 인생을 살면서 힘들 때는 가끔 질소 가스 같은 허세가 필요하겠다. 이런 생각을 해보시면 좋겠습니다.

☑ ︶
☐ ︵

살다 보면 마음이
바스라질 때가 있다.

그럴 때 가끔은
질소 가스 같은 허세로
나를 빵빵하게 부풀려보자.

좋아하는 게
하나도 없어요

30대 초반 남성으로, 꽤 해묵은 고민들을 가지고 있습니다.

첫째, 좋아하는 것이 없습니다. 제가 뭘 좋아하는지 찾기 위해 다양한 활동을 해봤지만, 그냥 누워 있을 때가 제일 편합니다. 그러다 보니 지금은 '나는 좋아하는 것이 아무것도 없는 사람이 아닐까?'라는 결론에 도달했습니다.

직장에선 업무를 항상 미루다 말미에 조급하게 처리합니다. 결과가 바로 보이는 게임이나 스포츠를 중독처럼 보고요. 심각한 수준은 아니지만 객관적으로 봤을 때 게임이나 스포츠를 특별히 좋아하지도 않는데 맹목적으로 행동하는 것 같습니다. 응원하는 팀이 이기거나 게임 결과가 좋은 데서 오는 성취감을 통해 대리만족하는 것 같아요.

문제는 제가 이런 삶을 원하지 않는다는 겁니다. 조급한 일 처리가 만족할 만한 결과를 가져오지 못하니, 제가 원하는 승진 같은 결과를 쟁취하지 못하고 있죠.

둘째, 항상 몸에 긴장을 걸고 살기 때문에 늘 피로합니다. 깊은 생각을 필요로 하는 업무가 아닌 이상, '해결해야 하는 문제'로 각인이 되면 한시라도 빨리 해결해야 마음이 편해져서 그런 것 같습니다.

예를 들어 6시에 퇴근하면 '집에 가야 한다'는 목표가 생깁니다. 그럼 걸음걸이가 빨라지고, 버스도 빨리 타야 하고, 지하철도 빨리 환승해야 하고…… 주변을 둘러보질 못합니다. 딱히 집에 바쁜 일이 있는 것도 아닌데 말이죠.

약속을 하면 한 시간 전부터 조급해지고 일도 손에 잡히질 않습니다. 앞에 음식이 놓여 있으면 양이 어느 정도든 빠르게 먹습니다. 그래서 남들은 대식가라 생각하는데 제 위가 작다는 것을 최근에 깨달았습니다.

셋째, 관념적으로 생각합니다. 소위 말하는 진보 관념이지만 제 진짜 얼굴과 마주했을 때 이명박 전(前) 대통령의 모습과 겹쳐지는 부분이 있어서 깜짝 놀라곤 합니다.

머리로는 안 된다고 외치지만 가만히 있으면 본 모습이 드러납니다.

머리로는 제 문제를 알지만 몸은 깨부수기 힘드네요. 저의 본래 면목을 받아들이고 이 상태로 살아가야 하는 걸까요? 어떤 계기가 있어서 삶에 직면하는 힘을 얻기 전까지는 전 이대로 살 것 같습니다. 누군가의 말이나 처방이 심장까지 전달되지 않습니다.

생활기스도 온몸에 새겨질 정도로 지나치면 위험할 수도 있다는 생각이 드네요.

때론 생각을
안 하는 게 정답

엑셀과 브레이크 문제인데요. 급발진 급제동 타입이거든요? 힘 줄 때랑 뺄 때를 잘 모르고 항상 긴장해 있고요. 좋아하는 게 없다고 하셨는데 주로 어떤 사람들이 그러냐면 실망할까봐 두려워서 좋아하는 게 없다고 얘기하는 사람들이 있어요. 사람에 따라서는요.

진짜 좋아하는 게 생겨도 '이걸 얻지 못하면 어떻게 하지?'라는 생각에 '난 이걸 좋아해'라는 말을 못해요. 사실은 굉장히 조바심 나고 욕심도 많고 갖고 싶은 것도 많고 안에 에너지가 많은 분이라 주어진 일은 최대한 빨리, 쉬운 것도 막 빨리 하는데 그렇지 않은 건 최대한 미뤄요. 결과물이 나왔을 때 나의 성적표를 까는 게 무섭거든. 그래서 아예 시험 안 보러 가는 경우도 있어요.

그렇기 때문에 이런 분들은 행동만 보면 뒤로 미루지만 사실 완벽하길 원하는 경우가 많아요.

이런 분들이 갖는 문제는 이런 겁니다. 완벽주의적 생각을 갖고 있는 경우는 뭐냐 하면요, 물을 물잔에 가득 채울 수 있는 유일한 방법은 계속 물을 붓는 길밖에 없거든요. 앞에서 말한 컵이 여기 또 나옵니다. 컵을 항상 가득 채워야만 한다고 여기는 거예요.

예전에 패밀리 레스토랑에서 샐러드 바를 이용할 때 접시를 한 번만 써야 하는 시절이 있었죠? 그때 누가 누가 능력껏 많이 담나 내기하곤 했는데, 사람들 요령이 대단했어요. 바닥에 매시드 포테이토부터 깔고 오이를 빙 둘러서 벽을 만들고, 뭐 이런 식으로요.

그런 것처럼 이분은 최대한 뭐든지 꽉 채워야 한다고 여깁니다. 그런데 문제는 컵에 물이 항상 가득 차 있는 길은 계속 따르는 것밖에 없어요. 낭비되는 요소가 많아요. 마치 샐러드 바에서 한 접시 가득 담아오면 "와!" 하고 신기해하지만 바닥까지 깨끗이 비운 적은 없는 것처럼요.

생각이 많다는 건
머릿속 연비가 떨어진다는 것

이런 식으로 사는 게 상당히 힘든 부분이 있어요. 계속 넘쳐요. 계속 물을 버려야 돼요. 그러면 항상 추가 비용이 들기 때

문에 피곤해요. 그리고 생각이 많다고 그랬잖아요? 사실은 그게 다 비용이에요.

그냥 머리를 단순하게 비우면 되는데 경우의 수를 많이 생각해요. 머릿속에 시뮬레이션을 너무 많이 돌려봐요. 왜냐하면 최선의 선택을 해야 한다고 생각하니까요. 열 가지 경우의 수를 애써 고민하지만 결국 터지는 건 13번이에요. 들도 보도 못한 경우가 벌어지는 때가 훨씬 많아요. 미래에 대한 걱정이 다른 방식으로 표현되고 있는 거거든요.

그래서 관념적으로 생각하고 만만한 부분, 안전한 데서만 놀고 있어요. 본 게임에 들어가면 '어? 내가 사실은 약하고 사실은 완벽하지도 않고 1등도 아니고 사실은 부족하다'는 걸 들킬까봐. 그래서 머릿속으로 '난 완벽하게 준비가 되면 잘할 수 있을 거야'라는 생각을 하면서 모든 결정을 뒤로 미룹니다.

이건 일종의 정신 승리예요. 중요한 걸 뒤로 미루면 승부가 나지 않으니까. 그럼 승패가 결정 안 된 채로 있을 수 있잖아요. 대신 머리는 항상 뭔가를 하고 있고, 힘이 들어가 있죠.

그게 이런 거랑 똑같아요. 쪼그만 차 트렁크에 짐만 많이 싣고 다니는 거 있죠? 이 사람의 연비가 떨어지는 거예요. 머릿속 트렁크에 쌀가마니 두 개씩 짊어지고 다니는 거예요. '자아의 짐' 때문에 고민만 많은 거죠.

때론 닥치는 대로
사는 게 정답

가끔 진료할 때 보면 말씀 잘하시고 얘기도 길게 하시는데 뭔 말인지 잘 모르겠다 싶은 분들이 있어요. 그런 분들의 특징은 생각이 너무 많아요. 자기논리의 순환 속에 빠져요. 그게 자기 무덤을 파는 길이에요.

잘 모르겠으면 생각 안 하는 게 정답입니다. 닥치는 대로 살면 돼요. 생각이 많고 해묵은 고민을 반복하는 분들에게 제가 드리는 조언은 '1분 안에 답이 나오지 않는 고민은 하지 마라' 입니다. 물론 우리가 사춘기 때 많이 하던 고민들을 쥐고 있는 게 나쁘진 않아요.

심리서 보면 이런 얘기하죠? 내면을 성찰하라. 그런데 그것만 하는 건 하나도 좋을 게 없어요. 자꾸 안만 보면 밖을 안 보게 돼요. 그러다 보면 그때그때 처리할 수 있는 변수들이 뒤로 밀리게 돼요.

그러니까 1분 이상 고민해야 하는 것들은 아예 시작을 안하는 거예요. 답이 안 나오는 것은 고민하지 말자. 또 내가 어떻게 할 수 없는 것들이 있어요. 지구 평화라든지 먼 미래의 일이라든지, 지금 당장 어떻게 할 수 없는 것들이 있잖아요. 그런거 생각하지 말자고요.

그다음에 무조건 시간이 지나야 해결되는 것들이 있어요. 시험을 보기 전까지는 그거 신경 써야 돼요. 근데 시험을 보고 나왔어요. 그다음에 성적표가 나올 때까지 한 달 걸려요. 그동안은 고민 안 하는 게 정답이죠.

자, 그런 부분들이 우리 머리의 자원들을 잡아먹는다는 겁니다. 자원을 잡아먹으면 머리가 무거워지고 공회전만 해요. 근데 자동차 시동을 걸고 공회전을 하면 기름을 먹죠. 그게 버릇이 되는 겁니다.

잘 모르겠으면 생각 안 하는 게 정답입니다. 닥치는 대로 살면 돼요.

이분, 지극히 정상 범위 안에 있습니다. 다만 완벽에 대한 추구는 조금 줄이셨으면 좋겠어요. 정상이기는 한데 건강한 건 아닐 수 있어요. 우리는 슈퍼맨도 아니면서 완벽해지려고 너무 애를 써요. 좀 빈틈이 있어야 하는데 말이에요. 슈퍼맨은 인류에 한두 명이면 돼요. 어벤저스까지 될 필요 없어요.

건강한 사람은요, 내가 굳이 완벽할 필요가 없다는 것을 인식하는 사람이라고 생각해요. 그리고 고민이 많다고 하셨죠? 제가 앞에서 말한 '꼭 해야 하는 것' 말고는 다 부담이고 에너지 낭비예요.

아, 내가 또 생각이 많아져서 불편하다 싶을 땐 그걸 정리하려고 또 생각하지 마시고 아예 생각을 멈추세요. 브레이크를 밟아서 세워버려야 합니다. 하지 않아도 될 생각을 하느라 오늘을 허비하는 경우라는 말씀을 드리고 싶습니다.

☑ ：)
☐ ： (

1분 안에 답이 안 나오는 고민은
너무 심각하게 하지 말자.

지나친 내면 성찰이
결코 좋을 게 없다.

나를 위해 돈 쓰는 게
어려워요

31세 직장 여성입니다. 저는 어릴 때부터 용돈과 세뱃돈을 저금해 고3 때까지 500만 원을 모았고, 대학 4년 동안 장학금과 아르바이트로 3,000만 원을 모았고, 졸업 후 곧바로 취업해 지금까지 1억을 모았습니다.

그렇지만 돈이 인생의 전부인 사람은 아니에요. 친구한테 밥 사주고, 지인들 기념일엔 선물도 하고, 부모님께 용돈 드리는 것도 좋아합니다.

문제는 저 자신을 위해서 좋은 물건을 사본 적이 없다는 겁니다. 내 옷이나 화장품을 비싼 것으로 사면 돈을 낭비했다는 죄책감이 들어서 무엇이든 제일 싼 것만 삽니다. 그동안은 제가 남들보다 착하고 알뜰한 거라 생각했는데, 어떤 사건을 계기로 나한테 문제가 있다는 결론을 내렸습니다.

친구가 명품 브랜드 립스틱을 선물했는데 쓰기가 너무 아까워 오랫동안 간직한 적이 있습니다. 그러다 큰맘 먹고 개봉하니 유통기한이 지났더라고요. 립스틱이 5만 원 정도였는데, 순간 1억 넘게 저금을 하면서 나를 위해서는 5만 원짜리 화장품 하나 못 쓰는 제가 황당하게 느껴졌습니다.

저희 집은 전형적인 중산층입니다. 아빠는 은행에서 정년퇴직하셨고 엄마는 중학교 교사입니다. 두 분 다 대학원을 졸업하셨고 어린 시절에도 돈 때문에 고생한 기억이 없습니다.

그런데 나를 위해 돈을 쓰는 게 불편합니다. 그래서 부모님이 자주 잔소리를 하세요. 거지도 아니면서 왜 이렇게 궁상을 떠느냐고요.

제가 이러는 이유가 뭔지, 어떻게 하면 고칠 수 있을지 궁금합니다.

누구나 정상적인 강박
하나쯤은 있다

사실은 칭찬받아 마땅한 분이죠? 좋은 덕목을 갖고 있는데 어느 순간 이게 내 인생의 족쇄라는 생각을 하시게 된 것 같아요. 첫 번째로 이 말씀을드리고 싶습니다.

이분 정상이에요, 당연히. 근데 잘 드는 칼도 어떨 땐 나를 벨 수 있다는 거. 그러니까 성공적이고 좋은 덕목을 가졌는데 그 덕목이 다른 환경에 놓였을 때는 나에게 부정적인 영향을 끼칠 수가 있다는 겁니다. 열심히 사는 것도, 최선을 다하는 것도, 완벽을 기하는 것도 다 마찬가지예요.

사람은 누구나 자신의 방식을 유지하기를 바랍니다. 윤리적으로 옳은 방식이라면 더욱더 그렇겠죠. 그런데 그게 도리어 발목을 잡는 수가 있습니다. MSG 안 넣고 음식을 하는 게 좋겠지만, 그것만 지킨다고 맛있는 요리가 되는 건 아니죠?

좋은 규칙을 너무 잘 지켜도
문제가 될 수 있다

'저는 카드빚이 2,000만 원이에요. 어떻게 하면 좋을까요?'
보다 백배 나은 얘기임에도 불구하고 본인은 괴로울 수 있어
요. 어딜 가서 말을 못하는 거예요. 좋은 거니까.

하지만 본인이 어느 순간 초라하게 느껴져요. 나는 그다음
단계로 갈 수 있는데 왜 이러지? 나 이제 조금씩은 풀어도 되
는데 왜 이러지? 이런 분들이 갖는 강박적인 성향이 있다는 겁
니다. 다만 좋은 점을 너무 잘 지켜서 문제인 거죠.

우린 다 정상적인 강박증을 갖고 있어요. 아까 7시 30분에
한 분이 오셔서 "몇 시에 시작해요?"라고 물어보셨어요. 30분
이 됐는데 왜 시작 안 하냐는 뜻이겠죠.

저희 집은 애들이 아주 어릴 때부터 일요일 낮 12시에 밥을
먹으러 가야 했어요. 지금도 한 달에 두 번 애들을 데리고 어머
니 댁에 점심 식사를 하러 가요. 근데 애들 막 챙겨서 데리고
나오다 보면 좀 늦을 수 있잖아요. 12시 5분 되면 딱 전화가 와
요. "어디니?" 하십니다. 딱 맞춰서 준비를 하고 계신 거죠.

그렇다고 해서 우리 어머니가 병이 있냐? 그런 건 아닙니다.

다만 본인이 생각한 걸 지켜 나가는 게 나이가 드실수록 더 중요해질 뿐이죠. 그래야지 안전하다고 느끼거든요. 내 가치가 지켜진다고 느끼기 때문에.

사람마다 누구나 '이건 꼭 지켜야 해'라고 생각하는 규칙이 있어요. 그걸 철저하게 지키면 그 안은 되게 안전하거든요. 모든 사람이 절대 중앙선을 안 넘는다고 생각하니까 우리가 1차선으로도 운전할 수 있는 거죠. 가끔 섬뜩할 때 있지 않으세요? 노란 줄 두 개가 뭔데 그걸 믿고 시속 80킬로미터로 왔다 갔다 해요? 저 차가 이쪽으로 넘어오지 않는다는 보장이 어디 있어요?

근데 우린 하죠. 왜냐하면 모두가 그걸 지킬 거라는 걸 알고 있기 때문에. 그런 것들을 지키는 게 그만큼 안전함을 줘요.

하지만 그런 '규칙'이 필요한 사람들은 안이 튼튼한 사람보다 속이 물렁물렁한 사람인 경우가 많아요. 포장이 견고해야 안의 말랑말랑한 걸 견딜 수 있잖아요. 그런데 이게 문제가 되는 거예요. 포장에 너무 많은 비용을 쓰게 돼요. 안에는 별 게 없는데. 명박산성 같은 거죠. 사실은 안에 있는 분이 얼마나 무서웠으면 산성을 쌓게 했겠어요.

약간 빈틈이 있어야
충격을 더 잘 버틸 수 있다

이런 분과 상담할 때 저는 첫 번째로 내진 설계가 필요하다는 얘기를 해드립니다. 마음속에 '근검절약'이라는 건물을 세우는 것까지는 좋은데, '한 군데가 뚫리면 다 무너질 거야'란 두려움에 높은 벽을 세우고 무조건 단단하게만 지은 거예요.

문제는 탄탄하게는 지었는데 이게 비제진 건물이라는 거예요. 내진 설계가 안 되어 있단 말이죠. 그럼 외부에서 충격이 오면 와장창 무너져버려요. 일본이나 우리나라에서는 건물 내진 설계를 할 때 약간 진동이 오게 만들어놨다고 그러죠? 그래서 도리어 더 잘 버틸 수 있게.

그래서 마음속으로 이런 다짐을 해보라는 말씀을 드리고 싶어요. 살짝 흔들리게 설계한다고 해서 무너지지 않는다. 도리어 약간 빈틈이 있어야 융통성이 생기고 더 잘 움직일 수 있다. 한 군데가 뚫리면 다 망가질 것 같으니까 구멍을 만들지 못하는 거예요. 다 무너져버릴 거란 생각이 든다는 거지.

이분에게는 살짝 흔들릴 수도 있다는 생각이 필요해요. 흔들려도 이분처럼 사는 삶은 절대 부서지지 않아요. 무너질 수

부서지면
다시 만들면 됨. ㅎㅎ

잘 드는 칼도
어떨 땐 나를
벨 수 있어요.
열심히 사는 것도,
최선을 다하는 것도
마찬가지예요.

는 있겠죠. 설령 무너지면 어때요? 다시 지으면 되지. 혹시 부서져버릴까봐 무서운 거 아닐까요?

만일 내가 모래로 만든 성이라면 아무리 단단해도 팍 치면 형체도 없이 부서져버릴 겁니다.

그런데 내가 레고로 만든 성이라면? 누가 팍 쳐서 무너질 수는 있겠죠. 그렇지만 블럭이니까 다시 지으면 됩니다. 누구도 건드리지 않아서 절대 망가지지 않는 성이 아니라, 인생이라는 폭풍 속에서 한두 번은 흔들릴 수 있고, 때에 따라서는 무너질 수도 있지만, 절대 부서지지는 않는 것이 일반적인 인간입니다.

이분도 마찬가지일 거라 생각해요. 그런데 부서질까 무서우면 본드로 떡칠을 하고, 성을 지어놓고, 강력한 유리 장식장 안에 보관하려고 하겠죠.

두 번째로는 쓰는 돈을 조금씩 늘려봐라, 그럴 수 있겠죠. 인지행동 치료하는 분들이 하는 방식이 이럴 겁니다. '앞으로 한 달 동안 마음대로 쓸 수 있는 돈을 10만 원부터 시작해서 조금씩 올려보세요.'

근데 그런 방법, 안 통해요. 이 부분에 대해 반
대 논리를 주장하는 분들이 말씀하시는 것이
'하나가 뚫리면 다 뚫린다'거든요. 립스틱으로
끝날 거 같지? 안 그래. 핸드백 하나 사면 거기

살짝 흔들리게
설계된다고 해서
내가 무너지지
않아요.

맞춰서 구두 사야지, 거기에 맞는 옷도 사야지, 그 브랜드로만
사? 그 브랜드 이상으로 가게 되지, 뭐 이런 얘기를 하고요. 수
입차를 너무 사고 싶은데 돈이 안 되니까 중고차를 샀어. 그럼
너 평생 중고 인생이다? 이런 얘기로 막 겁을 줘요.

너, 살면서 절대 못 줄이는 게 뭔지 알아? 자동차랑 집이야.
이런 얘기하고, 너 나중에 상황이 안 좋아져도 절대 그건 못 줄
일 거야! 이런 식으로 잔소리 비슷하게 자꾸 겁을 주는 얘기를
해요. 대개 부모나 배우자가 이러는 경우가 많죠.

이분은 사실 욕망이 굉장히 강한 분일지도 모르겠어요. 어
릴 때 자기 욕심이나 욕망 이런 걸 살짝 비쳤다가 되게 부끄러
운 일을 경험해봤을 수도 있고요. 뭐 떠올리고 싶지 않거나 밝
히지 않으신 몇 개의 기억이 있었을 수도 있어요. 이런 일에는
계기들이 있더라고요.

지금은 다 잊어버렸을 수도 있죠. 하지만 이분은 그런 기억

이 지금의 두려움을 만들었을 수도 있다는 생각을 한번 해보시면 좋을 것 같습니다. 대개 좋은 빌딩일수록 조명을 열 단계, 스무 단계로 조정할 수가 있죠. 뭐 박스만 켠다던지 이쪽만 어둡게 켠다던지 할 수 있는데 '하나 무너지면 다 무너져'는 마치 끄면 다 끄고 켜면 다 켜는 거예요. 이것밖에 안 되는 게 참 많아요.

기본적으로 이분 정상이에요. 대신 조금만 빈틈을 만드세요. 꼭 돈 쓰는 곳을 만들라는 게 아니에요. 이분은 아마 일상도 굉장히 칼같이 사시는 분일 가능성이 많아요. 그렇다면 내 머릿속을 살짝 튜닝해보는 것도 좋은 거겠죠.

그런 생각들을 한번 해보시고, 감정에 대해서도 마찬가지고요. 분노에 대해서도 마찬가지고요. 뭔가 나를 풀어주는 것에 대해서도 마찬가지예요. 조금은 흐트러지고 욕망에 충실해봐야 숨통이 트이고 사람이 사람답습니다. 이런 식으로 살면 로봇이랑 다를 게 없어요.

이렇게 돈 모아서 열심히 사는 분이라면 살면서 어지간한 풍파가 와도 살짝 흔들릴지언정 확 꺾이지는 않을 거라 믿습니다. 그 부분에 대한 안심을 할 수 있으면 많이 편안해지실 거예요.

☑ ⌣
☐ ⌢

조금은 흐트러지고 욕망에도
충실해봐야 사람이 사람답습니다.
생활도, 감정도 칼같이 지키면
로봇이나 다름없어요.

스킨십은 좋지만
섹스는 무서워요

제가 성적으로 문제가 있는 건지 걱정되는 32세 여자입니다.

진지한 연애는 지금까지 다섯 번 했습니다. 애인과 함께 있으면 더 있고 싶고 키스, 포옹, 스킨십 하는 것은 좋아하는데 같이 자는 건 너무 어렵습니다. 진도를 나가다가도 저도 모르게 겁이 나면서 방어 본능이 생깁니다.

그래서 이 나이가 되도록 소위 말하는 처녀입니다. 친구들 얘기를 듣거나 〈마녀사냥〉을 봐도 그렇고, 요즘은 대학생들도 사귀면 같이 자는 경우가 많은데 저에게 섹스는 하고 싶고, 황홀하고, 설레는 행위가 아니라 큰 용기가 필요한 일입니다. 창피해서 제일 친한 친구한테도 제가 아직 한 번도 남자와 자본 적이 없다는 걸 얘기하지 못하고 있습니다.

결혼한 친구들이 '다른 건 몰라도 결혼 전에 속궁합은 꼭 확인해야 한다', '평생 같은 침대 쓸 사람인데 성적인 부분에서 만족이 안 되면 불화가 정말 심해진다'고 말할 때마다 내가 결혼해서 남들처럼 원만하게 부부생활을 할 수 있을까 걱정됩니다.

저는 윤리의식이 투철하거나 혼전순결이 중요하다고 생각하지도 않고, 남자에 대한 왜곡된 인식이나 어린 시절의 상처 같은 것도 없습니다. 그런데 왜 이럴까요?

선생님이 보시기에 제가 정상인가요? 그리고 어떻게 극복할 수 있을까요?

모두가 〈마녀사냥〉처럼
하진 않는다

이 문제는요, 고민일 수 있죠. 나는 비정상이 아닐까? 섹스를 아직까지 한 번도 못해보다니.

이건 이렇게 생각해볼 수 있어요. 사실 냉정하게 얘기하면 '비행기를 타본 적이 없어요', '해외여행을 한 번도 안 가봤는데 저는 정상이 아니죠?'란 질문과 같은 맥락이에요. 내지는 '서른이 됐는데 운전면허가 없어요. 장롱 면허예요.' 이런 얘기일 수도 있어요. 성관계를 비하하자는 게 아니라 냉정하게 보면 그렇다는 겁니다.

다시 정상성에 대해서 생각해보죠. 앞에서 설명한 정상성의 네 가지 기준 중에 한 가지를 꺼내서 볼게요. 하나는 평균 분포곡선에서 한쪽으로 너무 치우쳐 있는지 확인하는 겁니다. 아이큐나 키가 대표적인 예라고 했죠? 섹스에 대해서는 이 평균 분포곡선에서 현실과 상상의 차이가 무진장 크다는 것이 문제입니다.

예를 들어, 조금 야한 이야기를 하자면 어떤 사람은 섹스 파

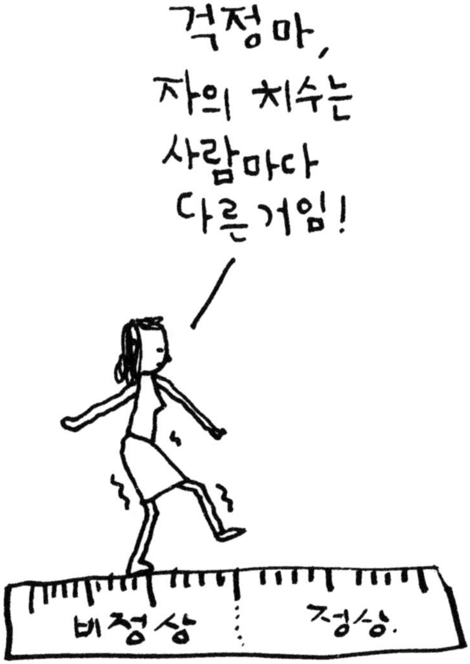
걱정마,
자의 치수는
사람마다
다른거임!
비정상
정상.

미디어를 보면 많은 사람들이 섹스를 무척 쉽게 잘들 하고 있는 것처럼 보여요. 현실은 아닌데.

트너가 수십 명이 넘는데, 어떤 사람은 평생 섹스리스로 살거나 기혼자인데도 몇 년째 섹스리스인 사람들도 많습니다.

그런데 우리가 흔히 접하는 미디어나 사람들의 이야기, 잡지나 인터넷 글들을 보면 많은 사람들이 섹스를 무척 쉽게 잘들 하고 있는 것처럼 보입니다. 현실과 우리의 상상은 차이가 난다는 거예요. 남성들이 상상하기에 성관계의 지속 시간은 이 정도라야 한다는 것과 실제 관찰 결과로 본 지속 시간은 제법 차이가 난다고 해요.

제가 만난 어떤 대학생은 두세 시간은 해야 하는 게 당연하다고 생각하더라고요. 그러면서 자기는 조루가 분명하다고 믿어요. 말이 안 되죠.

이분은 자기가 평균 분포곡선에서 아래쪽 극단에 내려가 있다고 여기고 있습니다. '서른 살 언저리에 섹스 안 해본 사람은 아무도 없을 것이다. 나는 극히 희귀한 레어템이다'라고 생각하고 게다가 무슨 의지가 있어서 안 하는 것도 아니었다. 그러니까 나는 뭔가 문제가 있다. 이런 결론을 내린 게 하나 있어요.

하지만 이런 결론의 많은 부분은 〈마녀사냥〉 같은 미디어가 만든 이야기가 한쪽으로 치우치게 한 면이 많아요. 마치 페이스북이나 블로그를 보면 모든 가정이 행복하고, 매일 맛있는 것만 먹으러 다니고, 툭하면 해외여행 하는 것같이 느껴지는 것처럼요.

자신의 판단을
맹신해서는 안 되는 이유

두 번째는 삶의 궤적이에요. 서른 정도 나이를 먹었으면 사실은 이런 남자, 저런 남자 다 경험을 해봐서 나는 성격도 보지만 속궁합이라든지 성에 대한 만족이라든지 이런 부분조차도 변수에 넣어서 생각할 수 있는 수준이 되어야 한다고 여길 수 있죠.

저는 어땠냐고요? 노코멘트입니다. 뭐 공부만 했던 범생이라고 해두죠. 여하튼 이 부분에서만큼은 '경험치가 중딩 수준에 머물러 있지 않나?'라고 생각하면서 무서워지는 거예요.

이게 나중에 문제가 되지 않을까? 왜냐하면 못 쫓아가고 있으니까. 대한민국 성인인데 영어 단어를 몰라. 온 국민이 다 아는 특정한 단어를 알지 못해. 이런 생각을 갖게 될 때 느끼는 불안감이 나의 영어 실력 전체에 대한 불신으로 이어지는 것과 유사한 겁니다.

우리가 스스로 정상인지 아닌지를 확인하는 기준 중 하나가 평균 분포곡선 안에서 내가 평균값 안에 들어가 있는지 여부입니다. 그런데 내가 어디에 있는지, 내가 크게 봐서 평균치에 들어가 있는지 여부를 인식하는 건 매우 주관적일 수밖에 없어요.

또 내 주변의 가까운 사람들과 비교하는 것, 내가 보고 들은 간접 경험치 안에서 판단하는 것이 왜곡을 만들어요. 타당하고 객관적인 수치보다 내 느낌이 더 강하니까. 버트런드 러셀이 '거지가 질투하는 것은 백만장자가 아니라 자기보다 조금 더 형편이 나은 다른 거지다'라고 했듯이요.

세 번째로 이런 면도 있습니다. 열 번과 스무 번의 차이는 받아들일 수 있는데, 한 번도 못해본 것과 한 번이라도 해본 것은 전혀 다른 것 아닌가?

일본 영화를 보면 이런 장면이 나옵니다. 고등학교 2학년 여자애가 막 고민을 해요. 친구들 사이에서 내가 처녀라는 게 너무 쪽팔려요. 친구들은 다 중3, 고1 때 했는데. 누가 나의 처녀성을 떼어줄까? 빨리 이걸 해결했으면 좋겠어. 뭐 그런 고민을 하는 얘기들이 꽤 나와요. 〈님포매니악〉도 그런 얘기고요.

또 하나의 문제로 이니시에이션(initiation)이 있어요. 처음. 시작. 이 부분을 아직 시작하지 못한 것이 나에게 뭔가 문제가 있어서라고 생각하게 되는 마음이 있습니다.

이 세 가지 이슈가 이분 마음 안에 있고요. 충분히 고민이 되시리라고 생각을 합니다. 하지만 지금 이분이 가지고 있는 다른 부분들을 보면 일상 생활에 무슨 강박이 있는 것도 아니고요. 남자 혐오증이 있는 것도 아니에요.

예를 들면 스킨십 자체가 안 되는 분들도 있을 수 있잖아요. 아직까지 성 지향성에 대한 부분이 각성이 안 되어 있어서 손 잡는 것 자체가 두려운 분들도 있을 수 있고. 전혀 각성이 안 되니까. 근데 그런 게 아니란 말이죠.

그렇다면 이분은 정상이거든요. 다만 좀 늦어지고 있다는 것에 대한 두려움이 있는데 이것은 사실 계기가 없어서일 가능성이 많습니다. 그 문턱을 넘을 만한 사람을 못 만난 거지 내가 문제가 있는 건 아니라는 거예요.

그 두려움조차도 사랑이라는 이름으로 넘어설 때 '이게 진짜 사랑이구나'라는 걸 느끼게 하는 사람이 있을 텐데 아직까지 그런 경험을 해보지 못했기 때문에 그 전단계까지만 머무르고 있는 게 아닐까. 저는 그런 생각이 듭니다.

물론 스무 살에 MT 가서 친구들이랑 술 먹고 막 놀다가 깨보니까 둘이 같이 잤고 뭐 이런 식으로 딱 넘어가면 다음부터 좀 자유로운 부분이 있을 순 있죠. 인생은 세렌디피티(serendipity)고, 완벽하게 준비해서 완벽한 대상과 첫날밤을 보내는 걸 기대하는 것보다 나을 수도 있으니까요.

내가 안전하다고 여기는 부분까지 상대방에게 공개한다

그런데 그동안 만난 분들과의 관계에서 아직 섹스를 못해보았다는 점은 '나를 어디까지 오픈할까' 하는 문제하고도 비슷해요. 누군가와 관계를 맺는 데 있어서 내 사적인 정보를 어디까지 줄까에 대한 건 개인차가 매우 큽니다. 내가 안전하다고 여기는 정도까지 오픈하게 되어 있거든요. 마치 친구를 집으로 초대할 건지, 초대한다면 우리 집을 어디까지 보여줄 건지 결정하는 것과 같아요.

누군가를 만나게 되었다고 합시다. 이때부터 이런 불안이 시작됩니다. 오픈과 안전에 관한 이슈가 생겨요. 남들 얘기 듣거나 잡지에 나오는 걸 보면, 대여섯 번쯤 만나면 섹스를 해야 할 것 같단 말이에요.

그런데 이 사람하고 섹스를 했다는 게 '너하고 굉장히 상호배타적인 관계가 될 거야', '너만 사귈 거야'가 아닌 사람들도 있다고 TV에서 그러는데 이 사람은 어떤지 모르겠다는 게 문제예요. 물론 일반적으론 20세 이상 남녀가 섹스를 하면 열 명 중 아홉 명은 '우리 둘은 굉장히 배타적인 관계이고 한동안 다른 사람 만나지 않아야 해'라고 암묵적으로 합의한 거라고 볼 수도 있지만 그게 아닌 사람도 있을 거잖아요. 저랑 만나는 분들 중에는 '섹스만큼 좋은 스포츠는 없잖아요'라고 얘기하는 경우도 있거든요.

여하튼 걱정스럽고 불안하고, 누굴 만날 때마다 섹스와 관련된 긴장 때문에 관계 자체가 잘 진행이 안 되는 것이 힘들 겁니다. 그렇다고 이분이 비정상이란 건 절대 아닙니다.

그동안 사귄 사람들과 아직 섹스를 못해보았다는 점은 '나를 어디까지 오픈할까' 하는 문제랑 비슷해요.

저는 이렇게 얘기합니다. 관계의 안타까움이 뭐냐 하면 내가 아무리 노력해도 손뼉이 안 쳐진다는 거예요. 이쪽에 뭔가 있어야 돼. 그래야 손뼉이 쳐지잖아요. 이게 제일 안타까워요.

공부는 나 혼자 하면 돼요. 일하는 것도 나 혼자 하면 돼. 근데 인간관계, 특히 남녀관계에서 성이나 그 동네까지 진행하는 건 서로가 맞아야 가능한 일이라는 생각이 들거든요.

다들 너무 배려를 잘하는 남자였을 수도 있죠. 지금까지 만났던 분들이 착해서 이분이 싫다 하면 '어, 그래' 하면서 계속 기다려주고. 우리가 6개월을 사귀었는데 왜 아직까지 이러고 있는 거야! 술 왕창 먹자! 이럴 수도 있고. 막 화를 내면서 내가 오늘 너 때문에 20만 원짜리 호텔을 예약했어! 오늘 100일째 되는 날이잖아! 이런 식으로 조금 더 적극적인 친구가 있었으면 넘어갔을 수도 있죠. 석모도 가서 배 끊기는 것처럼.

지금까지는 항상 이분이 싫어하니까 기다려주는 분들을 만났을 수도 있다는 겁니다.

정리하자면 이분이 자신을 비정상이라 느끼는 제일 중요한 계기는 남들이 다 하는 것, 다 했다고 생각하는 것들을 안 했기 때문이거든요. 특히나 최근에는 〈마녀사냥〉 때문에 더 그런 것 같아요.

이원생중계 같은 거 보면 어린 친구들이 막 다 얘기하잖아요. '스물두 살인데요, 남자 친구랑 잤는데 어떻게 할까요?' 이런 얘기 하는 걸 보면 당황스럽고…… 그럼 나는 '딴 애들은 뭐 껌 씹듯이 편하게 하는 건데 난 왜 한 번도 못해봤지?'라는 생각을 충분히 가질 수 있습니다. 요즘 같은 경우에는.

그렇지만 내가 비정상이고 무슨 병이 있어서 그런 건 아니라는 겁니다. 들리는 얘기를 통해 느끼는 분위기랑 현실의 통계는 또 다른 거고, 최소한 제가 아는 바로는 이분은 기회가 없어서 그런 거지 평균값 안에 있습니다. 그렇게 생각하시면 좋겠습니다.

2장

내 인생에서
이 문제만 해결된다면

혼자인 게 편한데
한편으론 괴로워요

39세 싱글 여성입니다. 제 문제는 늘 혼자이기 때문에 겪는 우울감입니다.

회사에서도 혼자 일하는 편인데요, 평소 사람들에게 시달리는 편이라면 혼자 있는 시간이 휴식이겠지만 늘 혼자다 보니 주말이나 연휴에도 혼자라는 게 정신적으로 힘듭니다. 친구들도 하나둘씩 결혼해 애 낳고 사니 가뜩이나 좁았던 인간관계가 더 좁아져서 누굴 만날 일도 거의 없고요.

동호회나 취미 활동으로 새로운 사람을 만나도 그 속에서 또 다른 소외감과 낯섦이 더해지다 보니 '차라리 혼자가 낫다'는 결론을 내리게 됩니다.

그래서 온갖 책을 탐독하며 마음의 평화를 찾지만 그때뿐이고, 또다시 무기력해지고 기분이 늘 가라앉아 있습니다. 특히 긴 연휴나 휴가 때는 더 심하게 우울해집니다. 결국은 책 읽기나 TV 보기, 운동하기…….

　이런 여유를 부러워하는 사람도 있겠지만 오직 이것만이 생활인 사람은 도대체 어떻게 해야 할까요? 혼자인 게 하자나 열등함이 아니라는 확신이나 위로, 혼자일 때 이런 마음가짐을 가지면 좀 더 나아질 거라는 조언이 필요합니다. 혼자 하고 있는 일들이 의미가 없다는 생각이 자꾸 들어서요.
　늘 혼자인 사람에게 혼자인 삶은 도대체 뭘까요? 또 저에게 필요한 마음가짐은 어떤 걸까요?

'적극적으로 아무것도
하지 않기'를 즐기는 법

이분도 회사에서 원하는 것만큼 해내느라 일에 몰두하다 보니 기가 빨리고 에너지도 바닥을 쳐서 '차라리 혼자가 낫다'라고 여기고 안빈낙도로 사는 분입니다. 앞에서 비슷한 분 나왔죠?

동호회도 취미 활동도 또 다른 소외감과 낯섦이 추가돼 스트레스래요. '내가 혼자인 건 나의 열등함 때문일 거야'라는 생각의 악순환. 그래서 우울해져. 이걸 극복하기 위해서 누구를 만나면 또 괴로워. 피곤하고 열등감 느껴. 소외감 느껴서 또 혼자 개미굴 속에 들어가 있는 거거든요.

그렇지만 혼자 하는 일들이 하나도 의미가 없다는 생각이 들어. 동양인들이 흔히 갖는 거리감, 어딘가 소속돼야 할 것 같긴 한데 소속되어 있으면 또 힘들고 기 빨리는 것 같고 나를 잃어버릴 것 같아. 왜냐하면 내가 약하거든. 그래서 강한 집단에 들어가면 그 집단에 휩쓸려가지고 내가 아닌 것 같고 뭔가 내가 막 소모당한다는 느낌을 경험하게 돼요. 내가 이 사람들을 통해서 즐겁고 기분 좋고, 와 오늘 재미있었다가 아니라 질질 끌려가다 보면 너무 피곤해. 금방 방전돼버리는 거예요. 그래서 빠져 나오면 왠지 나만 혼자인 것 같고. 그래서 혼자 재미있게 지내보려 하면 이게 뭐하는 짓인가 싶고요.

혼자여도 고민,
함께여도 고민일 수밖에 없다

이렇게 이도 저도 안 되는 상황에 빠져 있는 분들을 보게 됩니다. 이분들은 이런 고민을 계속 하면서 자기 무덤 파고 있는 거예요. '고민을 열심히 하면 되겠지' 하고 끝없이 고민하는 게 이분처럼 굴 파는 것과 같아요. 왜냐하면 우리가 배운 바로는 열심히 최선을 다해서 진지한 고민을 하면 답이 나올 거라 생각하는데 이건 답이 안 나오는 고민이거든요.

디트리히 본회퍼(Dietrich Bonhoeffer)라는 사람이 이런 말을 했는데요. 반대 방향으로 가는 기차를 탔어요. 아무리 뒤쪽으로 뛰어간다고 해도 무슨 의미가 있겠어요. 기차가 다른 방향으로 가고 있는데. 전혀 방향이 다른 고민을 해야 되는 거잖아요.

이 고민은요, 계속 반복될 수밖에 없고요. 이쪽에 가도 고민, 혼자 있어도 고민일 거예요. 앞에서도 얘기했지만 우린 늘 누군가와의 관계를 통해서 살아가게 돼요. 그건 그로 인해서 얻

최선을 다해서
고민하면
답이 나올 거라
생각하는데
굴 파는 것밖에
안돼요.

어지는 게 있기 때문이거든요. 그래서 어쩔 수 없는 불편함을 감수하고 관계를 맺는 거예요. 근데 그 부분이 낯설고 그 능력이 퇴화되고 제대로 발전하지 않았을 때 생기는 문제들을 우리가 경험할 수 있습니다.

'긴 연휴나 휴가 때는 더 심하게 우울해집니다'라고 하셨는데요. 혹시 이분은 노는 것도 뭔가 의미가 있어야 한다고 생각하시는 건 아닐까 조심스럽게 여쭤보고 싶어요. 물론 혼자서 지내는 것이 외로운 면도 있지만, 다른 한편으로 연휴나 휴가 기간이 끝난 후에 사람들이 "뭐했어?"라고 물으면 뭔가 얘깃거리가 있어야 할 것 같은 불안감을 느낄 가능성이 있습니다.

지금 이분은 충분히 힘들고 지쳤어요. 회사에서 기가 빨린 상태입니다. 긴 연휴나 휴가 기간이 되면 억지로 혼자서라도 어디 여행을 가서 사진도 찍어서 남기고 해야 한다고 조바심이 나겠지만 그러지 마세요.

전 액티브 인액티브니스(active inactiveness)란 말을 좋아합니다. '적극적으로 아무것도 안 하기'란 뜻인데요. 일도 열심히, 사는 것도 열심히, 뭐든 최선을 다해서 사시는 분들에게는 '놀 때는 적극적으로 아무것도 안 하고 널브러져보려고 의도적으로 애를 쓸 필요가 있다'고 처방하기도 해요.

그러니 불안해하지 마시고 적극적으로 게으름뱅이 놀이, 나무늘보 놀이를 했다고 생각하세요. 여름에 한 번씩 아파트 단수가 되죠? 물탱크 청소하니까요. 휴가나 연휴를 그런 의미로 써보시는 것도 좋아요.

뭐든 최선을 다해서 사는 분들은 '아무것도 안 하고 널브러지려고 의도적으로 애를 쓸 필요'가 있어요.

'늘 혼자인 사람에게 혼자인 삶은 도대체 뭘까요?' 이 질문에 대해서는 이렇습니다. 늘 혼자라고 여기시겠지만 이분은 사실 혼자가 아닙니다. 혼자일 리가 없습니다. 주변에 사람이 있으니까 사회적인 삶을 살아갈 수 있는 거예요. 그리고 아무리 그렇다고 해도 혼자인 것도 맞습니다.

인생은 원래 혼자예요. 결혼을 하건, 아이가 있건, 애인이 있건 결국 인생은 혼자서 살아가는 것 아닐까요? 외로움과 주도적인 삶은 동전의 앞뒷면의 다른 이름인 것 같아요. 그렇게 생각하시면 좋겠습니다.

애인이 있건,
결혼을 했건,
아이가 있건

인생은 누구나
혼자서 살아가는 게 아닐까?

벌써 36세,
어떻게 살아야 할지 막막합니다

36세 남성입니다. 매우 찌질하고 부끄러운 고백이지만, 얼마 전 '자살예방센터'에 전화를 했습니다. 상담사가 자괴감과 우울증이 심한 것 같다며 정신과 약물치료를 권유하더군요.

제 고민은 한마디로 '미래에 대한 불안'입니다. 제 꿈은 만화가였지만 저의 게으름 탓에 꿈이 좌절되었습니다. 꿈이나 목표가 없어도 생계를 위해서 일을 해야 했지만, 그림 그리는 것 외에 아무런 기술이 없었기 때문에 할 수 있는 일은 공사장 막노동, 택배 상하차, 식당 서빙 등 몸으로 때우는 아르바이트뿐이었습니다. 아파트 경비원, 주차관리원 등을 전전하다가 지금은 건물 보안업체 직원으로 일하고 있습니다.

근무 중에도 하루 종일 고민합니다. 내가 언제까지 이 일을 해야 하나? 아니, 언제까지 할 수 있을까? 내 인생은 어디서부터 잘못된 걸까? 이제부터 뭘 어떻게 고쳐 나가야 하나?

아무리 생각해도 막막하고 친구들에게는 이런 일을 하고 있다고 말하기도 부끄러워서 모임에도 잘 나가지 않게 되었습니다. 친구들을 만나도 즐겁지 않고, 무슨 일을 해도 손에 잡히지 않고 불안합니다.

자살예방센터에 전화한 것도 자살 충동이 있었다기보다는 내 인생은 실패했다는 생각에 미칠 것만 같아서 누군가에게 이런 심정을 털어놓고 싶어서였습니다.

누구나 하고 싶은 일을 하면서 사는 건 아니라는 것은 압니다. 자기 뜻대로 인생이 잘 풀리는 사람이 많지 않다는 것도 알고 있습니다. 저도 이제 와서 포기한 꿈을 이루려는 것은 아닙니다. 그저 이런 자괴감과 우울함에서 벗어나고 싶습니다. 어떻게 해야 할까요?

일하고 있다면
그걸로 충분하다

일단 이분의 행동 중에 비정상 사인이라고 볼 만한 것은 한 개도 없죠? 자살을 정말 생각했다기보다는 너무 답답해서 연락했던 거고 두 번째로는 일을 하고 계시거든요.

계속 일을 하고 있다는 건 좋은 사인이에요. 절박감과 생존의지가 강하신 분이라는 생각이 들어요. 괜찮아요.

현실이 만족스럽지 않을수록
미래가 불안해진다

정상성의 관점을 다시 한 번 복습해봅시다. 이분의 이슈는 정상성의 요인 중 하나인 삶의 궤적 안에서 자신이 벗어나 있거나, 나아가야 할 길을 가지 못하고 있다고 느낀다는 거예요. 이 나이가 되었는데도 이룬 게 너무 없다는 생각과, '36세'라는 나이가 주는 고민과 선택의 문제에서 상당히 많은 걱정을 하게 됩니다.

서른여섯 살이면 스무 살 때랑 고민이 달라요. 스무 살 때는 내가 쥔 카드가 여러 개 있고 또 이 카드가 다 안 맞아도 조금 더

계속 일을
하고있다는 건
좋은 사인이에요.
절박감과 생존 의지가
강하다는 거예요.

가면 새 카드가 생길 거란 희망이 있어요. 하지만 서른여섯쯤 되면 이제 내 손에 카드가 한두 개만 남은 거예요. 한두 개 더 써볼 수는 있지만 불안해. 그나마 쥐고 있던 것도 놓치면 어떡하지? 이런 게 있거든요.

근데 이분은 서른여섯에 아직 시작도 못한 것 같단 말이에요. 당연히 미래가 불안하겠죠. 오늘이 만족스럽지 않으니까. 그래서 '어디부터 잘못된 거지?'라는 고민을 할 수밖에 없습니다.

미래에 대한 얘기를 하는 건 굉장히 어렵습니다. 미래는 알 수 없잖아요? 미래는 아무도 몰라요, 사실은. 근데 불안한 이유는 지금이 만족스럽지 않을 때 미래도 부정적으로 보는 게 순리이기 때문이죠. 합리적인 사람은 그래요. 그래서 '왜 나는 이럴까?'라는 생각을 하는 겁니다.

저는 이렇게 생각합니다. 우리 모두 합리적인 사람입니다. 내적 논리는 매우 합리적이에요. 안에서 움직이는 워킹 모델은 하나하나만 보면 다 맞는 얘기를 해요. 근데 크게 보면 틀렸어요. 틀렸다기보다는 동의할 수 없어요. 문제를 잘못 풀고 있는 거예요. 이런 경우가 상당히 많아요.

초자아의 두 가지 요소 중 하나가 자아 이상입니다. '나 이런 사람이어야 해', '이렇게 가야 해'라고 여기고 쫓아가려는 일종의 지향점을 갖는 겁니다. 그런데 '가야 해'라고 생각하는 곳은 높은데 지금 나는 여기예요. 격차가 너무 커. 도저히 이걸 메울 수가 없어. 그 순간 우울해진다는 거예요. 적자인 건 알고 있었는데 드디어 통장을 찍어본 거죠. 그때 인간은 급격히 우울해지고 좌절하는 순간을 맛보게 되는 겁니다.

지금의 나를 객관적으로 파악하는 두 가지 기준

그럴 때는 첫째, 두 가지를 봐야 하는 거예요. 내가 정한 기준이 너무 높은 건 아닌지와 지금 나를 지나치게 저평가하고 있는 건 아닌지. 이 두 가지를 같이 봐야 해요.

현실적인 목표를 재수정했더니 훨씬 격차가 줄어든 사람도 있을 수 있고요. 사실은 100만큼 할 수 있는데 자기는 60밖에 못한대요. 가진 게 없대요. 그런데 잘 긁어모았더니 90은 돼요. 그러니까 원래 세웠던 목표치에 은근 갈 수 있겠어, 그럼 얘기가 많이 달라져요. 양쪽을 같이 조절해서 밑도 올리고 위도 내리니 꽤 괜찮아졌어. 이런 경우도 있어요. 사실은 이 두 개 가지고 보는 거예요. 우울감은 거기에 있어요.

여러분은 자신을 바라볼 때 현실의 나에 대한 평가가 올바른지를 정말 주의 깊게 살펴봐야 해요. 의외로 우린 우리 자신을 저평가해요. 그리고 여기저기 흩어져 있는 애들을 안 봐요. 이걸 내 자산으로 생각하지를 않아요. 이것도 저것도 다 모아보면 은근 많은데. 분명 각자의 자산이 있는데 자산을 안 보고 나한테 없는 것들만 자꾸 보려고 해요.

'난 이것도 없고 이것도 없어'라고 생각하는데 나한테 있는 것만 좀 생각해보자고요. 그 자산들을 긁어모아서 잘 만들면 은근 쓸 만한 것들을 찾아볼 수 있어요.

손님이 오기로 했는데 우리 집엔 바닷가재도 없고 등심도 없고 횟감도 없어. 어떻게 하지? 이 중국집 어때? 꽤 맛있어. 그럼 중국집에 전화하면 되겠네. 냉동실 좀 열어보자. 어, 만두가 있네? 찬장 열어봤더니 어, 와인도 한 병 있네. 이따 오시는 분이 와인 좋아하는데 잘됐네. 이 정도 차리면 얼추 되겠는데? 이렇게 되는 거죠.

우리 내면에도 그런 게 있는 거예요. 그럼 현실에 대한 견적이 나올 수 있어요.

현재의 기억에 맞춰
과거를 편집한다

두 번째로 오늘이 왜 만족스럽지 않을까 고민하다 보면 과거를 돌아보게 되죠. 어디서부터 잘못됐을까? 기억이 되게 요사해서요, 거기에 맞춰서 나머지 애들을 줄 세워요. 아주 합리적이기 때문에 내가 지금 요 모양 요 꼴일 수밖에 없는 모든 포인트들을 모아서 이야기를 만듭니다. 그래서 지금의 나를 합리화시키고 설명합니다. 쭈욱 듣고 나면 그럴 수밖에 없는 것 같아요. 매번 자기가 잘못된 선택을 했다고 자책합니다.

그런데 인생은요, 생각해보면 다른 일들도 있었거든요? 애인과 헤어졌어요. 그 사건만 있었겠어요? '적금을 탔어요'도 있었을 거고 알고 보면 어떤 성취를 했던 사건도 있었을 거고, 기분이 아주 좋았던 일도 있었을 거예요.

그렇지만 지금이 어둡기 때문에 좋았던 일들이 안 보여요. 지금의 나를 설명할 수 있는 애들만 눈에 들어오니까. 그래서 어두운 쪽만 줄을 쫙 세워서 지금의 나를 설명해요.

우리는 아까 말했듯이 합리적인 인간이죠? 그러니 당연히 이쪽 궤적으로 오죠. 나를 설명하니까 이 방향대로 가게 되어 기억이 되게 요사해서요, 내가 지금 요 모양 요 꼴일 수밖에 없는 모든 포인트를 모아서 지금의 나를 설명합니다.

있잖아요. 그러니까 내일도 '그지' 같을 수밖에 없죠. 이 궤적 안에서는 내일의 나는 이 길로 갈 수밖에 없는 사람이니까 불안한 거예요. 자기 논리가 합리적이고 정연한 사람일수록 점점 더 촘촘하게 자기가 망할 수밖에 없다는 결론을 이런 식으로 내리게 되요.

드라마라면 그게 맞아요. 하지만 우리는 그래서는 안 되는 것 같아요. 제가 그래서 섣부른 상담 같은 거 함부로 받지 말라 그러거든요. 털어서 먼지 안 나는 사람 없어요. 이게 세무조사 같은 거예요.

상담하는 분은 '봐, 너가 이래서 그런 거야.' 이렇게 얘기해요. '너의 트라우마는 이런 거야. 너의 문제는 이래서 이런 거야.' 그럼 내일도 똑같을 수밖에 없는 거예요. 그저 오늘 하루 기분이 나쁜 것일 뿐일지도 모르는데 '나는 원래 이런 사람이구나'라는 걸 증명하게 돼요. 본의 아니게.

그렇게 해서 하나의 프레임이 잘 만들어지면 더 안 좋은 건, 내일 벌어질 일들을 자꾸 그 틀에 집어넣어요. 그래서 그 정보가 더 정교해져요. 그럼 내 인생이 더 '그지' 같아져요. 매일매일. 그리고 누군가를 원망해요. 주적이 하나 생긴다고요. '우리 엄마 때문이야' 이런 거. 그런데 어쩔 거예요? 다 옛날에 벌어진 일인데.

오늘이 괜찮으면
내일도 괜찮아진다

그럼 어떻게 해야 할까요? 첫 번째로 오늘을 바꾸는 거예요. 오늘 하루가 괜찮으면 내일도 괜찮아져요. 이런 경우에 저는 그냥 '철저하게 오늘을 중심으로 살아라'라는 얘기를 많이 합니다. 오늘 하루가 괜찮으면 오늘 하루가 괜찮은 이유를 찾게 되거든요. 그러면 내일도 괜찮아질 거라는 근거는 지금은 아주 미약해요. 하지만 나름 낙관적인 생각을 할 수 있어요.

한편으로 이분이 미래에 대한 불안을 갖는 건 당연한 부분이 있습니다. 지금 우리 사회는 평균과 보통의 기준이 너무 높아요. 이 정도는 해야 한다고 생각하는 게. 제가 얼마 전에 트위터에서 굉장히 재미있는 걸 봤는데요. 〈우리 결혼했어요〉랑 〈아빠! 어디 가?〉랑 〈출근합니다〉인가? 이 세 가지가 유행하는 건 결혼, 출산, 취업을 포기한 청춘 세대들이 대리만족을 하

기 때문이래요. 〈슈퍼맨이 돌아왔다〉랑 〈아빠! 어디 가?〉의 주 시청층은 부모가 아니에요. 대개 비혼녀들이 많이 보시거든 요? 애 엄마들은 현실과 동떨어져 있는 게 너무 두드러지기 때 문에 짜증 나서 잘 안 봅니다.

또 이런 것이 있습니다. 미래가 불안하다기보다는 정확하게 말하면 미래에 대한 견적이 안 나오는 거예요. 그게 제가 요즘 경험하는 상당수 젊은 사람들의 문제입니다.

지금 그 일이 재미없고 만족스럽지 않더라도 재미있게 하면 서 살아라, 이런 말까지 제가 할 수는 없다고 생각해요. 자기가 좋아하는 일을 하면서 밥도 먹고 살 수 있으면 참 좋을 텐데 그 러기는 엄청 어렵죠?

그래서 전 이렇게 설명합니다. 삶은 '하고 싶은 일'과 '보상' 이라는 두 가지를 가지고 선택하게 되는 것 같아요. 1번은 '하 고 싶은 일' 내지는 '내 맘에 드는 일'인데 보상도 꽤 많아. 2번 은 하고 싶은 일이지만 보상은 별로야. 3번은 하기 싫은 일인 데 보상은 꽤 많아. 4번은 하기 싫은 일인데 보상도 별로야.

하다 보면
괜찮아져요

자, 1번과 4번은 빼고 생각합시다. 결국 2, 3번에 걸리죠. 그건 삶의 선택이라고 생각해요. 만약 내게 주어진 짐이 너무 많아요. 가족 형제를 내가 다 책임져야 해요. 그러면 하기 싫어도 보상이 많은 일을 해야 해요.

근데 내가 딸린 짐도 없고 몸이 좀 자유로워요. 그리고 경우에 따라서는 삶의 궤적에서 나에게 요구되는 몇 개의 선택들을 포기해도 좋다고 생각해요. 아마도 결혼과 육아일 가능성이 많아요. 그럼 삶이 좀 가벼울 수 있어요.

다행히 지금 젊은 세대에게는 경제적으로 독립된 부모들이 많아요. 저는 '네가 모시지 않거나 도움을 안 드려도 부모님이 건강하고 자기 관리가 되시면 그것만으로도 이분들은 너에게 엄청난 혜택을 주는 거다'라는 얘기를 합니다. 각자 먹고 살면 되는 거예요. 내가 엄마 아빠한테 만날 생활비 보내드려야 되고 병원 데려다드려야 해. 아무것도 못하고. 이것만 안 해도 이분들은 나한테 엄청난 혜택을 주고 있는 거다, 라고 생각하자고요.

그다음에 하고 싶은 일이 있는데 경제적 보상이 적으면 오래 할 수 있는 일을 하면 돼요. 언젠가는 보상이 와요. 내가 전문가가 되거든요. 대신 그 기간 동안 버릴 것, 포기할 것은 포기하고 살아야 돼요. 아마 대부분은 인생에서 굉장히 중요하다고 생각할 수 있는 즐거움 한두 가지인 결혼과 출산일 거예요. 그 부분을 쥐고 가면 상당히 힘들어지게 되니까요.

어떤 면에서는 참 안타깝지만 두 개의 떡을 쥐고 또 다른 떡을 갖기는 어려운 부분이 있어요. 옛날에는 이렇게까지 하지 않아도 괜찮았을 텐데 지금은 경쟁이 굉장히 촘촘해졌기 때문에 만약 결단을 내리면 그래야 할 것 같다는 생각이 들어요. 도시를 벗어나야 할 수도 있고요. 고립된 삶을 살아야 할 수도 있어요. 하기 싫은 일이지만 어느 정도 경제적 보상이 있다면 왜 이 일을 해야 하는가에 대한 의미들을 찾으려고 노력해야겠죠.

다행인 건 경우에 따라서는 '하다 보니 괜찮아졌어요'도 생겨요. 하다 보니까. 왜냐하면 돈을 많이 주니 좋잖아요. 그럼 일도 이뻐 보이거든요. 그런 경우도 있다는 생각들을 한번 해보시면 좋겠습니다.

'일인분'으로서
충실히 살아가기

근데 이런 생각이 실천으로 안 옮겨지는 이유는 관성에 의해서 저항이 오기 때문이에요. '이 일을 때려 쳐야 해, 때려 쳐야 해 하는데 벌써 10년째예요' 하는 말 정말 많이 듣습니다.

인간은 관성의 동물입니다. 그게 에너지가 덜 들거든요. 이사 가야지 하면서 이사 잘 못가요. 회사도 옮겨 갔으니까 옆 동네로 가면 좋겠는데 친구들도 여기 있고 가까운 마트도 알고, 세탁소도 알고, 여긴 다 알아요. 내가 편해요. 아침 저녁으로 출퇴근만 좀 멀리 하면 돼요. 그럼 이사 못가죠. 이게 관성대로 사는 거예요.

관성의 힘이 그만큼 강력한 겁니다. 머리로는 여기 싫어, 싫어 하면서도 막상 옮겼을 때 생길 수 있는 수많은 불편함을 감당 못하는 거죠. 그렇게 되는 건 대개 자의 반, 타의 반이에요. 튕겨 나가거나, 잘리거나, 아니면 굉장히 좋은 조건이 생겼거나, 거절할 수 없는 제안이 오거나.

그럴 수밖에 없는 구조가 생기면 어쩔 수 없이 옮기게 되는데, 인간은 균형추 안에서 움직이거든요. 그래서 그 안에서 균

형을 딱 움직여줄 만한 게 안 생기면 안 하게 되어 있어요. 이분도 보안업체에서 일하는 게 만족스럽지 않지만 뭔가 계기가 필요할 겁니다. 저랑 상담하고 이런 얘기를 들었다고 해서 바로 내일부터 '나 뭐 할래' 이렇게는 안 될 겁니다. 대부분은 계기가 필요해요.

일을 계속 하고 있다는 건 그만큼 생존 본능이 있다는 거예요. 이건 참 큰 힘이에요.

그 계기는 내가 막 찾으러 다닌다고 생기는 건 아니고요. 인생에서 오는 것 같아요. 문제는 내가 물가에 있어야 물에 뭐가 떠내려 오는지 보인다는 거죠. 저 구석에서 자빠져 자고 있으면 아무도 안 깨워줘요. 물속으로 뛰어들라는 게 아니라 물가에 앉아서 기다리다 보면 꽤 괜찮은 기회가 와요. 그때 타이밍상 내가 절박하다, 그럼 가는 거예요. 해보는 거죠. 언젠가는 그런 시기가 와요. 만약 지금 없다면 너무 조바심 내지 말고 한번 기다려보는 거예요. 다 때가 있는 거니까.

이분에게 지금은 그런 계기가 필요하고, 미래에 대한 불안은 당연한 겁니다. 그리고 이런 불안은 이분만 느끼는 게 아니라 비정규직으로 살고 있는 비슷한 또래 분들이 다 가지고 있고 더 넓게 보면 대한민국 국민 대부분이 가지고 있는 안전에 대한 두려움, 앞날에 대한 두려움이라는 맥락 안에서의 두려움입니다. 이분이 약하고 우울하고 의지가 박약하기 때문에 생기는 문제일 가능성은 상당히 떨어져요. 왜냐하면 앞에서 얘기했듯 이분은 일을 계속 하고 있거든요. 그만큼 생존 본능이 있는 분이에요. 내 삶을 살아가겠다는 강력한 힘이 없는 분들도 많거든요.

이분은 비록 썩 좋은 자리에 있거나, 무척 원하는 일을 하는 건 아니지만 '일인분'으로서 역할을 하려고 삶을 만들어가고 있어요. 저는 그게 참 좋은 자산이라고 생각해요. 일단 그게 가능한 분은 웬만해서는 비정상이기 힘들어요. 그건 참 큰 힘이고 건강한 사람의 징표라고 저는 생각합니다.

☑ ☺
☐ ☹

의외로 우리는
자기 자신을 저평가해요.
알고 보면 여기저기 흩어져 있는
자산이 꽤 많은데.

활발한 남자 친구에게
자꾸만 의존하게 돼요

30대 초반 직장 여성입니다. 이전에 고민해보지 않았던 것들을 생각하게 되느라 잠을 잘 수가 없네요.

학창 시절 저는 말이 없고 수동적인 아이였습니다. 누군가에게 피해를 주지 않지만 존재감도 없는 아이. 저는 누군가에게 먼저 다가가서 친구나 애인이 된 적이 없습니다.

그래서 제가 연락하는 소수의 지인 대부분은 특별한 노력을 기울이지 않아도 교류가 되는 몇몇뿐입니다. 이것에 대해 심각하게 고민하게 된 건 지금의 남자 친구를 만나면서부터입니다.

그는 매력적인 성격 덕분에 항상 누군가와 즐거운 시간을 보냅니다. 그를 좋아하는 마음이 커서인지, 그가 곁에 없

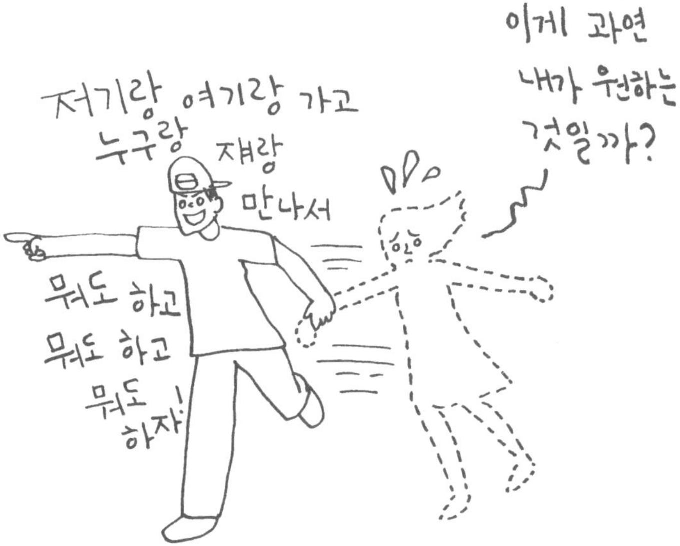
저기랑 여기랑 가고
누구랑 재랑
만나서
뭐도 하고
뭐도 하고
뭐도
하자!
이게 과연
내가 원하는
것일까?

을 땐 유기불안 환자처럼 불안해하고 밤새 못 자기도 합니다. 하지만 그가 맺어온 관계를 구속할 수 없어서 혼자 펑펑 울어요. 분명 내가 그 친구에게 적극적으로 행동해서 사귀게 되었겠지만, 내가 수동적으로 선택받아 맺어진 관계라는 생각이 강합니다.

누군가에게 적극적으로 다가가고 여러 사람과 마음을 나누면서 행복하고 싶은데, 어떻게 해야 할지 막막하고 답답하네요.

혼자인 것에 대한 심각성을 고민해본 적이 없었는데, 서른이 넘은 지금은 직장 사람들 외에 다른 누군가와 새로운 관계를 구축하기에 늦어버린 것 같습니다.

다른 사람에게 어떻게 다가가야 하는지에 대한 고민이 불면증이 올 만큼 커져 있습니다. 도와주세요.

소심함,
의외로 괜찮은 덕목

이분은 자신이 어떤 사람이고 뭐가 문제일까 하는 걸 처음으로 전혀 반대 성향인 사람과 사귀게 되면서 뚜렷하게 경험하시게 된 것 같아요. 그 얘긴 거꾸로 말하면 지금까지 별 문제 없었단 뜻이에요. 해가 너무 밝아지니까 그 밑에 있는 그림자가 더 까맣게 보이는 경우죠.

그동안은 친구도 있고 직장 다니면서 만날 사람 다 만나고 할 거 다 하면서 지냈을 가능성이 높아요. 다만 친구들이 나를 많이 돌봐주고 챙겨주고 나는 거기에 익숙했던 거죠.

근데 우연히 굉장히 쾌활하고 사교적인 남자 친구를 만나게 됐어요. 나도 좀 기운이 생기고 기분도 좋아져요. 근데 이런 경우 보조를 못 맞추는 경우가 많아요. 이 친구의 활달함과 쾌활함에. 에너지 레벨이 다르거든요. 그러니까 내가 문제가 있나 싶을 때도 있어요.

왜냐하면 그런 사람들 주변에는 그런 친구들이 모이는 경우가 많거든요. 당연히 내가 더 두드러지겠죠. 나는 거기 있으면 무슨 말을 하는지도 모르겠고 막 정신이 없어요! 일고여덟 명이 나와서 왁자지껄하게 술 마시고, 나는 도란도란 얘기하고 조용히 데이트하고 싶은데 얘는 무슨 말도 안 되는 얘기하고 게임하고 마셔라! 마셔라! 하고 또 딴 데 가고. 그럴 가능성도 있거든요. 그러니 내가 피곤한 거죠.

성격, 바뀌지도 않고
바꿀 필요도 없다

우리가 이성 관계에서 파트너라고 생각하는 사람을 만날 때는 여러 가지 이유들이 있는데 그중 하나를 '상보적 관계(Complementary)'라고 합니다. 내가 갖고 있지 못한 모습들을 통해서 내가 완성된다고 느끼는 거죠.

영화 〈이보다 더 좋을 순 없다〉에 이런 대사가 나옵니다. 'You make me a better man.' 넌 나를 더 나은 사람으로 만들어. 엄청 잘나가는 소설가가 싱글맘 웨이트리스를 사랑합니다. 여자가 황당해하니까 남자가 하는 말이에요. 또 다른 영화 〈제리 맥과이어〉에서도 제리 맥과이어가 역시 싱글맘인 비서에게 청혼합니다. 자존감 낮은 도로시가 당황스러워하니까 'You complete me. I am not what I am without you'라고 말해요.

You complete me.

세심과 배려,
소심과 거리 두기는
동전의 앞뒷면
같은 겁니다.

가끔은 이런 상대를 만나는 맛이 있어서 사랑을 하게 되나 봐요. 나도 모르는 나를 발견하는 것, 혹은 나의 빈자리가 채워지면서 뭔가 완성된 느낌을 받게 되는 것.

전혀 다른 성격, 다른 배경을 가진 사람을 통해 내가 도드라지게 돼서 나를 다시 볼 수 있게 되고 내가 좀 더 나은 사람이 되는 경험. 내가 갖지 못한 부분들을 갖게 되는 상황도 있을 수 있겠죠. 그게 사랑의 좋은 면이에요.

반대의 경우도 있습니다. 세칭 트로피 아내(trophy wife), 트로피 남편(trophy husband)이라고 하는데요. 잘난 사람을 통해서 내가 잘났다고 느끼게 되기를 원하는 경우도 있어요. 부모와 닮은 사람을 만나는 경우도 있고요. 부모와 유사한 사람을 통해서 세칭 오이디푸스 이슈를 해결하는 사람들도 있습니다.

이분은 아마 상보적 관계에 있는 분을 통해서 내가 비춰지는 경험을 하시는 것 같아요. 그동안 살면서 큰 문제 없었을 텐데 갑자기 '어, 나는 좀 이상한가봐'라고 생각하게 되신 것 같습니다. 내성적으로 조용히 살았는데 애인을 만나면서 그 부분이 두드러지고, 그의 친구들과 함께 만나는 자리는 적응이 안 되니 내가 이상한 건가 싶어지는 거죠. 그래서 성격을 바꾸고 싶을지 몰라요.

근데 결론부터 얘기하면 이거 안 바뀌어요. 또 바꿀 필요도 없어요. 남자 친구는 이분의 이런 면이 좋아서 만나는 건지도 몰라요. 원래 이런 내가 좋은 거죠.

한편으로 활발한 사람들 사이에 있다 보면 자기 존재감이 상대적으로 안 느껴질 수 있어요. 한국에서는 나름대로 적극적이라 여기던 사람이 미국 대학에 유학 가면 존재감 없다고 느끼는 것처럼요.

존재감이 없다고 느낀다면
무난하게 살고 있다는 의미

존재감에 대해 잠시 얘기할게요. 존재감이 없는 대표적인 인물은 〈센과 치히로의 행방불명〉의 가오나시죠. 존재감이 없어 슬픈 사람. 그다음에 일본 드라마 보면 재미있는 대사가 나와요. '자동문도 안 열리는 존재.' 존재감이 너무 없어서 내가 서 있어도 자동문이 안 열려. 존재감 없음의 극치.

근데 이분은 이 정도는 아니었을 것 같다는 거예요. 다만 남에게 해를 끼치지 않고 트러블 만들지 않기 때문에 존재감이 없는 거예요. 내가 공부를 엄청 잘하거나 엄청 예쁘거나 아니면 만날 사고를 치거나 누굴 괴롭히는 게 아니라서 애들 머릿속에 잘 기억나지 않아요. 선생님도 '아~ 개요? 착한 애! 말 잘 듣는 애!' 하고 생활통지표를 봐도 눈에 띄는 얘기들이 별로 없고요.

딱 중간값에 있는 삶을 사는 분들이 대체로 본인이 존재감이 없다고 느끼는 경우가 있어요. 모든 게 대략 80점 이상이죠. 그렇다고 아주 못하는 건 또 아니고. 쭉 들어보면 그저 무난하게 살던 분이에요. 그리고 운 좋게도 살면서 엄청난 사건을 경험하지도 않았어요. 근데 본인이 생각할 땐 '저는 재미없어요. 제 삶은 얘기할 거리가 별로 없어요'라고 얘기하는 부류일 가능성이 있습니다.

이분은 거절에 대한 두려움이 상대적으로 강한 거지 병적으로 강한 케이스는 아닙니다. 우리 기질은 크게 두 가지예요. 이분은 흔히 농담으로 A형이라고 얘기하는 타입이에요. 그래도 지나칠 정도는 아니었다는 생각이 들어요.

이런 분들은 이 기질 때문에 부정적인 측면을 이런 식으로 얘기하지만 긍정적인 부분은 신중하고 배려가 있어요. 항상 고민 끝에 신중하게 행동에 옮기고요. 평가에 예민하다고 애기하지만 사실은 배려가 있다고 얘기할 수도 있는 거죠. 남을 먼저 생각해주니까. 신중하기 때문에 위험을 회피해서 가장 보수적인 방식으로 움직이다 보니 튀는 일이 없고 사고 치는 일도 없어요. 근데 사실은 그게 굉장히 괜찮은 덕목이기도 해요.

내성적인 사람은 돌려 말해야 편하죠. 그래서 남들도 그럴 거라 여기면 착각이에요. 그런 기대는 하면 안 돼요.

이 남자 친구도 그래서 이분을 좋아하는 걸지도 몰라요. 자기한테도 상보적이니까. 둘 다 그러면 정신없잖아요. 남자 친구는 그런 여자를 만나봤을지도 몰라요. 똑같이 활달한 친구 만나서 정신없이 놀고, 토요일 아침부터 일요일 밤까지 돌아다니고 7차, 8차까지 가서 술 마셔봤지만 이런 친구도 괜찮은 거예요. 조용하고 같이 있어주고 기다려주고 챙겨주고. 그런 사람이 있음으로써 내가 안정되고 덜 피곤하고 만족감을 느낄 수도 있겠죠.

'그가 곁에 없을 땐 유기불안 환자처럼 불안해하고 밤새 못 자기도 합니다'라고 하셨는데요. 이건 지금 그쪽 자기장이 워낙 강하기 때문에 일시적으로 느끼는 거라고 생각해요. 제가 추정하기로는 몇 달 이내가 아닌가 싶거든요? 2년, 3년 만났는데 이러진 않을 것 같고요. 안정기로 접어들기 전의 단계? 그래서 이 사람과 나의 관계를 유지하기 위해서 '뭐가 맞지?'라는 게 아직 서로 확립이 안 된 것 같아요.

근데 이분은 소심하고 거절에 대한 두려움이 있기 때문에 차마 '나는 이러이러한 게 두렵고 싫어'라는 말을 못하는 분일 것 같아요. 그런 면이 있는 것이고, 상대적 차이 때문에 요즘 들어 내가 더 소심해 보이고 내성적으로 보일 뿐이지, 사실상 이분 멀쩡한 분입니다.

만일 진짜 사랑하는 사이라면 이번 기회에 과거보다는 조금은 더 활발해지실 수 있는 계기가 될 거예요. 사랑은 사람을 변하게 하는 것이고, 상대를 사랑하는 게 아니라 사랑하는 내가 기쁜 거니까. 그래서 두려워하지 않고 나를 변화시키죠.

영화 〈그리스〉의 마지막 장면이 존 트라볼타랑 올리비아 뉴튼 존이 서로 상대를 위해 한쪽은 모범생 패션을 하고, 다른 한쪽은 날라리가 돼서 나타나는 거잖아요?

분명하게 얘기해도
괜찮다

자, 이번에는 팁으로 내성적인 분이 외향적이고 활달한 사람을 만날 때 바람직한 태도에 대해서 알려드릴까 합니다.

쾌활한 사람들은 좀 강하고 분명하게 얘기해야 머리에 들어와요. 내성적인 사람은 직설적인 말보다 돌려 말해야 편하죠. 그래서 남들도 그럴 거라 여기면 착각이에요. 그런 기대는 하면 안 돼요.

세심과 배려, 소심과 거리 두기는 동전의 앞뒷면 같은 겁니다. 사람은 바뀌지 않지만 안전거리를 좀 확보하시고요. 아까 말했듯이 원하는 건 분명하게 얘기하세요. 그런 식으로 거리를 조금씩 좁혀 나갈 수 있거든요. 이런 성격을 가진 분들한테는 단호하고 확실하게 이야기하는 버릇을 들이실 필요가 있어요.

원하는 게 있으면 말을 하세요. 분명히 얘기하지 않으면 통제가 잘 안 돼요. 그리고 내가 싫다고 말해도 별로 상처 안 받아요. 이런 분들은 내가 상처받는 것만큼 상처받지 않아요. 워낙 남에게 먼저 접근하는 분들이기 때문에. 상대가 거절하거나 아니라고 얘기하는 것에 상처를 좀 덜 받는 것 같아요. 굳은살이 좀 배어 있는 분들인 경우가 많아요. 나를 중심으로 먼저 생각하기 때문에.

내가 거절당하면 너무 아프니까 저 사람도 아플 거라고 생각하지 말자는 거예요. 서로 다른 존재니까.

☑ ◡
☐ ◠

조용하고, 내성적이고,
딱 중간값에 있는 분들이
자신이 존재감이 없다고
느끼는 경우가 많아요.

그런데 사실 이게 참
괜찮은 덕목이에요.

남들 앞에서 발표하는 게
죽도록 괴로워요

8년차 직장인입니다. 현재 직장은 4번째이고 입사한 지 3년 되었습니다. 작은 사무실을 다니다가 대기업 계열사로 왔는데, 회사 체계나 분위기가 이전 회사들과는 다른 편이라 처음엔 적응하기 어려웠지만 1년 정도 지나니 익숙해졌습니다.

저희 팀은 4명 정도로 팀장을 중심으로 일하고 있는데, 올초 팀장님이 퇴사하면서 부서 이동이 있었고 팀원들 간에 불신이 생겼습니다. 이런 상태로는 일을 못하겠다는 생각도 들었지만 이직이 쉬운 일은 아니라 참고 모른 척하며 시간을 보냈습니다.

그런데 그즈음부터 제가 이상해졌습니다. 원래도 남들 앞에서 뭔가 하는 걸 못했지만 정도가 심해졌습니다. 앞에 나가서 발표할 때 심장이 너무 빨리, 심하게 두근거리고 심지어 일반 회의 때도 그런 증상이 나타납니다. 이전 회사에서는 이 정도는 아니었거든요.

이런 증세가 점점 심해져서 일상 생활을 할 때도 약간의 두근거림이 있습니다. 그래서 계속 불안하고, 좋아하는 일을 해도 집중이 잘 안 됩니다. 고민이 생기거나 일이 풀리지 않을 때는 약간의 두통도 있고, 평소보다 잠도 못 잡니다.

친한 사람들이나 모르는 사람들과 있을 때는 멀쩡한데 회사에서는 제가 하고 싶은 대로 언행을 못하겠고, 저 사람들이 나를 어떻게 생각하고 평가할까 눈치를 보게 됩니다. 유독 회사에서 그 문제가 커지네요.

참고로 저는 인간관계가 좁습니다. 학생 때도 친한 친구 한 명과 붙어 다녔고, 여러 사람들과 잘 어울리지 못합니다.

무엇이 문제일까요? 지금 회사가 저한테 맞지 않는 걸까요, 아님 병원에 가봐야 하는 걸까요?

'관두면 되지'라는 마음이
숨통을 틔워준다

음. 이것부터 보죠. 스트레스 문제인데요. 어느 순간 스트레스가 탁 하고 넘어간 거예요. 아마 팀장님이 퇴사한 후에 본인이 제일 고참이니까 팀장 일도 하고 자기 일도 하면서 엄청 고생했을 텐데, 그때 압박감을 느끼면서 물이 콸콸 쏟아진 거죠.

스트레스가 넘치게 되니까 확 불안해지면서 가슴이 벌렁벌렁 뛰고 내가 견디는 영역을 넘어서게 된 거예요. 이러면서 심장이 뛰는 것 같고, 사람들 앞에서 말하는 게 무서워지는 증상이 생겼습니다.

스트레스라는 게 뭐냐 하면 '수요(demands)'와 내가 갖고 있는 '자원(resources)'의 미스매치(mismatch)입니다. 나는 요구 사항이 이만큼인데 자원은 이것밖에 안 돼요. 그러면 그 차이만큼을 스트레스로 경험하게 되는 거예요. 산술적으로 보면.

보통 때도 60 정도의 스트레스는 늘 갖고 살아요. 그러니까 팀장님 있을 땐 괜찮았죠. 그땐 발표해도 스트레스가 60정도니까 올라갔다가 내려왔어요. 그래서 증상은 안 생겼어요.

근데 팀장님이 나갔어요. '나 혼자 다 하면서 애들까지 챙겨

137

야 해'라는 내적 요인으로 기본 스트레스가 80까지 올라갔어요. 그 상황에서 발표하는 일이 생겼어요. 똑같이 20이 올라가지만 이땐 증상이 생기는 거죠. 이런 메커니즘이에요.

물이 60도에서 20도 올라가서 80도 된다고 달라지지 않아요. 하지만 80도까지 올라갔을 때 20도가 올라가서 100도가 되면 끓기 시작하죠. 이것과 똑같은 일이 우리 몸에서 벌어지게 됩니다.

뇌가 스트레스에
반응하는 방식

한번 그런 일이 벌어지게 되면 재미있는 게 우리 뇌가 반응을 하기 시작한다는 거예요. 원래는 적당한 스트레스를 받으면요, 도리어 수행 능력이 올라가요. 새벽에 벼락치기 같은 거 하잖아요. 시험 직전에 눈에 밟혔던 게 시험에 다 나오죠. 막 생생하게 눈에 들어오잖아요.

이런 식으로 딱 몰입하면 쫙 올라가는 게 생겨요. 집중력도 좋아지고. 그럼 이게 계속 올라가면 좋겠는데 ∩자가 돼요. 밥그릇을 엎어놓은 모양으로 움직여요. 만약에 내가 일정 수준까지 올라간 상태에서 집중을 해요. 그래서 능률을 확 올렸어

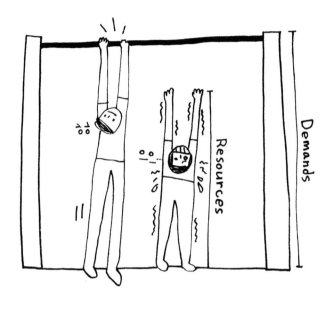

요. 그래서 스트레스를 받았어요. 그러면 도리어 떨어지겠죠. 몸에서는 이런 일이 벌어지거든요.

그러니까 이분도 심장이 100만 뛰면 되는데 갑자기 150이 뛰어버리는 거예요. 그러면 뇌는 '150이 뛸 만큼 굉장히 위험한 일이 벌어졌을 거야'라고 인식을 하게 돼요. 다 이유가 있을 거야. 우리가 육감을 믿거든요.

그러니까 내 뇌는 거기에 맞춰서 제일 나쁜 시나리오를 생각하게 돼요. 그러니 머리가 서버려요. 계속 집중이 안 되면서 멘붕이 오는 거예요. 프리징(freezing)이 오는 거죠.

그날은 그렇게 끝났다고 칩시다. 근데 이 기억이 내 머릿속에 남아 있다는 게 문제예요. 일주일쯤 있다가 또 프레젠테이션 하러 가야 돼요. 그럼 내 머릿속에서 그때 기억이 떠오르면서 뇌가 벌렁벌렁해요. 그러면 심장이 다시 뻐꽁뻐꽁 하면서 '어! 150까지는 안 됐지만 90까지 올라갔어. 봐! 또 시작한다!' 하면서 머릿속에서 스트레스가 점점 올라가는 걸 느껴요.

그걸 느끼는 순간 뇌가 '맞아, 진짜 위험한 일이 생기나봐!' 하는 확신을 가지면서 '심장 더 돌려!' 하고 명령을 내려요. 그러면 150까지 확 가버리는 거예요. 그러니까 '역시 나는 안 돼'라는 확신이 드는 거죠. 그러면서 악순환에 빠지게 돼요.

이게 발표에 대한 공포가 만들어지는 악순환의 무한 반복의 특징입니다.

마음과 심장과 뇌의
연결고리를 끊기

그럼 이걸 해결하는 길은 뭘까요? 병원 가서 약 먹는 것도 한 가지 방법이에요. 실제로 연주자들이 많이 먹어요. 연주 전이나 요때쯤 되면 입시생들도 저한테 많이 와요. 그런 방법도 하나 있는 거고요.

그렇지 않은 경우에 제일 중요한 건 내 마음과 심장과 뇌 사이의 연결고리를 끊는 겁니다. 마음에서 나쁜 명령을 주면 심장은 심장대로 툭하면 벌렁벌렁 뛰고 뇌는 '분명히 또 위험한 일이 생겼어' 하는 식으로 인식하는, 굉장히 안 좋은 연결고리가 지금 딴딴하게 만들어져 있거든요. 그래서 툭 건드리기만 해도 뺑뺑 도는 거예요.

이 연결고리를 끊는 거예요. 그래서 심장이 뛰더라도 이건 심장이 뛸 뿐이지 위험한 일이 아니야. 위험한 일이 생길까 걱정된다 하더라도 심장은 '안 뛰어도 돼' 하면서 천천히 심호흡 같은 걸 해서 가라앉히는 거예요. 그러니까 걱정을 할 때 복식호흡 같은 걸 하면서 심박수가 올라가는 걸 막는 거죠.

그런 훈련을 하면 확실히 나아지는데 말은 쉽지만 사실은

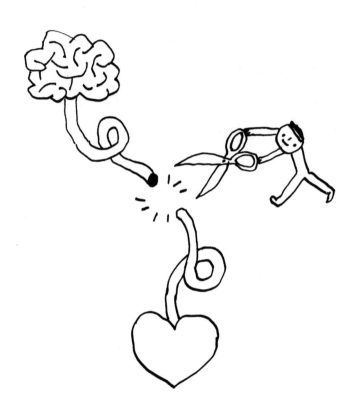

굉장히 어렵죠. 그건 3일 굶은 사람한테 '김치랑 야채랑 골고루 잘 씹어 먹어. 그럼 너 튼튼한 사람 될 거야.' 이렇게 얘기하는 거랑 똑같아요.

일단 이런 경우에 증상이 너무 심하면 처음에는 병원에 와서 약 먹고 연습을 하면 확연히 나아지는 경우가 있어요. 그게 싫은 분들이나 그 정도로 힘들지는 않은 분들은 발표 전에만 먹으면 돼요. 매일 먹을 필요 없어요.

그게 아니면 이 메커니즘을 이해해서 내 뇌와 마음과 심장 사이에 나쁜 고리가 만들어져 있다는 걸 알고, 끊는 훈련들을 해보시면 좋겠습니다.

첫 번째 방법은 디스트렉션(distraction)이에요. 딴생각하는 거예요. 나쁜 생각 자꾸 하는 거 있죠? 그것도 딴생각 중 하나예요. 실제 내가 메인으로 하고 있는 생각을 다른 이슈로 분산시키는 거죠.

여러분들이 회사에서 좀 짜증 나거나 걱정거리가 있으면 옆 사람 툭툭 건드려서 '야, 커피 한 잔 마시러 가자' 이런 거 하는 것도 같은 원리예요. 아님 옥상에 올라가서 담배 한 대 피우고 오는 사람들도 있고.

도저히
못 견디겠으면
떠나야지 뭐.
그럴 수도
있다는 생각을
갖고 있으면
여유가 생겨요.

두 번째로 지금 제가 말씀드리는 방식을 통해서 인지적인 생각을 바꿀 수도 있어요. 세 번째 길게 보는 방법으로는 앞에서 말한 최상주의자적, 완벽주의자적 삶의 방식을 바꾸는 거예요. 그래도 안 되면 상황을 바꾸는 거예요. 환경을 바꾸는 거죠.

절이 너무 못 견디겠으면 중이 떠나야죠 뭐. 근데 '그럴 수도 있다'라는 생각을 마음속에 갖고 있으면 여격이 생겨요. '나 절대 못 나가!'면 조금밖에 못 참는데 '정 힘들면 관두지 뭐, 이씨!' 이러면 더 잘 버틸 수 있거든요.

이렇게 생각하면 그만큼 마음에 여유가 생기니까 조금 숨통이 트이는 면이 있다고들 얘기하세요. 이런 몇 가지 부분을 가지고 스트레스 관리를 하시면 이 문제를 넘어가실 수 있는데, 그게 잘 되다 보면 '어, 내가 언제 이랬지?'라는 생각을 하게 되실 가능성이 커질 거예요.

매번 문제가 된다면 병원에 한번 오시는 게 좋을 수도 있고요. 어차피 계속 회사 다닐 생각이면 올라갈수록 발표할 일밖에 없거든요? 책임질 일은 많아지고요. 그 부분에 대해서 지금 잘

못 만들어져 있는 내 뇌와 심장 사이의 연결고리를 끊어보는 것도 좋고요.

조바심 나고 긴장될 때 운동은 어떤 걸 하면 좋을까요? 물어보시면 요가, 스트레칭, 필라테스 이런 거 많이 권해드립니다. 세게 빡빡 뛰는 운동 말고 릴렉스하고 스트레칭하고 호흡 배우는 것들 있죠? 참선하고 복식호흡 배울 수 있는 걸 습관으로 들이는 방법을 찾아서 두세 달 하시면 확연히 좋아지는 걸 발견하실 수 있을 거예요.

이런 것들을 해보시면서 좀 달라지시길 바라고, 그렇게 했는데도 안 된다 그러면 저한테 오세요. 제가 고쳐드릴게요.

협동이요?
차라리 혼자 독박을 쓰겠어요

카페에서 일하는 내일모레 30세 남성입니다. 이곳에서 1년 정도 일하고 있고, 이전에는 디자인 회사에 다녔습니다. 회사 다닐 때 잦은 야근으로 지쳐서 지금의 일을 하고 있습니다.

저는 남에게 일을 시키는 것을 좋아하지 않고, 제가 해야 직성이 풀리는 타입입니다. 문제는 여기에서 생겼습니다. 최근 몇 달간 카페에 인력이 부족해 6개월 정도 저 혼자 업무를 처리했는데, 최근에는 안정이 되었습니다. 그러자 사장님의 잔소리가 부쩍 늘었습니다. 왜 너는 잔무를 혼자 다 하고 다른 인력을 놀리느냐, 네가 애들과 매장을 관리해야 한다는 겁니다.

저는 사람이 많든 적든 누군가가 해야 한다면 내가 하겠다는 심정으로 일하는데 사장님은 이걸 가지고도 넌 너만 살면 된다는 생각으로 일하는 거 같다, 개인주의적이다라고도 말씀하십니다.

솔직히 무엇이 문제인지 모르겠습니다. 군대에서도 간부들은 쉬면서 병사들만 주둔지에 남겨놓고 무슨 일이 있으면 보고하라는 방식이 정말 싫었거든요. 군대에서도, 이전 회사에서도, 지금 카페도 윗사람들은 저 같은 타입은 원하지 않는 것 같습니다. 그래서 항상 대립각을 세우게 되었지요. 제가 사장이나 간부가 될 그릇은 못되나 봅니다.

그러다 보니 정적인 활동이나 눈에 띄지 않는 곳에서 개인적인 활동을 더 많이 하게 되네요. 원래 사람 만나는 것을 즐기는 타입은 아닙니다만 사회에서 이런저런 문제에 자꾸 부딪히다 보니 더 안으로 숨게 되는 것 같습니다. 자꾸 매사가 귀찮아지고 의욕도 사라져서 혼자 보내는 시간을 많이 갖는 생활이 점점 몸에 배고 있습니다.

또 대놓고 따지질 못해서 혼이 나면 얼굴에 다 드러나고, 참는 것이 버릇이 되어 혼자 있으면 상당히 폭력적이 됩니다. 소소한 일에도 불만이 생기고 욕도 늘고 물건을 집어던지는 버릇도 생기고요.

좋아하던 활동이 일이 되니까 도망가고 싶고, 끈기도 사라지는 것 같습니다. 문제는 이 기간이 점점 단축되고 있다는 겁니다. 이러다 자폐증이나 우울증이 생기는 건 아닐까요?

지나치게 개인주의에 젖어들고 있는 것 같아서 심히 걱정됩니다.

5년 뒤에 내 삶에서
벌어질 일을 예측해보기

저는 이 사장님이 대기업에 다니던 분이 아닐까 하는 생각을 합니다. 규모가 작은 카페라 해도 사장님은 여기가 회사고 조직이라고 봐요. 그래서 권위 체계와 조직 체계가 있어야 된다고 생각해요. 그런 걸 볼 때 아마 대기업 생활을 간부직까지 하셨던 분이 아닐까 하는 생각이 들어요.

사람은 자기가 배운대로 해야 익숙하고 편해요. 이게 좋은 점은 그렇게 하면 매뉴얼대로 움직이니까 얘가 나가도 그 자리에 사람 뽑으면 돼요. 근데 처음부터 끝까지 얘가 다 하고 나머지 애들은 훈련이 안 되어 있으면 얘가 나가면 큰일이죠.

기업에 다니는 사람들의 제일 큰 특징이 '내가 나가면 우리 회사 망해'라고 생각하지만 현실은 내가 나가도 금방 잊히고 일은 잘 굴러가죠? 기업이 녹록치 않게 시스템을 만들어놨기 때문에 그렇게 매뉴얼화된 일을 하는 사람은 언제든지 대체가 가능하거나, 다른 사람이 이어서 할 수 있게 만들어놨거든요. 그런 부분들이 사장님 마인드에 있는 것 같아요. 비록 작은 카페라 하더라도. 사장님 마음은 이거고요.

근데 사연 보내신 분의 마음은 '내가 회사가 싫어서 여기 왔는데…….' 이거죠? 이게 1번이라는 게 갈등의 핵심입니다. 이분의 기본적인 마인드는 쿨함이에요. 남에게 폐 끼치는 거 아니잖아. 내가 일 더 하겠다는데 왜 말려? 억울하죠. 내가 일 더 하고 독박 쓰겠다는데, 제발 나 좀 건드리지 말라는 건데, 내가 관리하고 남 챙기는 게 싫어서 여기 와서 일하고 있는 건데, 라는 마음.

그러니까 당연히 두 사람의 기대치가 다른 거죠. 이분이 풀타임으로 일하는 정직원 매니저로 왔을 때의 마음은 안정성과 작은 조직, 사실 조직이라고 할 것도 없이 정말 하꼬방 같은 작은 곳에서 몸은 열두 시간씩 일하더라도 혼자 독립적으로 일하는 게 편해서일 거예요. 그러니 6개월 동안 혼자 일했죠.

이분은 '몸은 고생하더라도 난 이게 마음 편하고 좋아'라고 생각했는데 사장님은 '아무리 작은 카페라도 회사는 회사야!'라고 생각하는 분이니 하나 있는 직원에게 기대하는 게 다른 거죠. 일을 혼자 다 하는 게 불안하고 못마땅할 겁니다.

퀄리티에 대한
기준을 맞춰라

여기서 중요한 문제는 '앞으로 나의 삶의 비전이 무엇인가' 에 대한 것과, '오너가 원하는 바를 내가 얼마나 맞출 수 있을 까?'의 선택과 균형이라는 생각이 들어요.

이분에게 있어선 아마도 삶의 독립성이 1번인 것 같아요. 이 분은 나중에 혼자 일하는 쪽으로 살아가시는 게 맞을 것 같고 요. 일이 너무 잘돼도 문제일 것 같아요. 일이 너무 잘돼서 누 군가를 써야 되고 자기 밑에 사람을 두어야 되면 너무 괴로울 것 같아요. 그게 괴로워서 차라리 일을 줄이더라도 혼자 사는 게 낫다고 결정하시게 될 것 같아요.

아직은 젊은 나이니까 회사를 다니는 부분에서 일을 더 하 고 덜 하는 수준이겠지만 앞으로 5년, 10년 후가 되면 내 카페 를 차릴 수도 있는 거고요. 디자인하던 분이면 프리랜서로 일 하면서 내 영역을 만들어 나가실 수도 있을 거예요.

그렇게 선택의 기로에 섰을 때 이분은 그게 제일 중요한 고 민이 될 것 같아요. 나 혼자 먹고 살 수 있는 대신 내가 나를 조 절하면서 지내는 게 우선이냐. 아니면 사람을 더 뽑고 하는 일 을 배로 늘려서 규모를 더 키워서 세상 속에 나를 알리는 게 우선이냐.

나 혼자 일하면 남의 하청만 받게 되고, 예를 들면 천만 원 단위 이상의 일은 쉽게 할 수 없죠. 근데 그렇게 10년쯤 일하다 보면 몇 억짜리 10억짜리도 하고 싶단 말이에요. 근데 그런 일은 절대 개인한텐 안 줘요.

그러면 어떻게 하지? 조직을 만들어서 내가 누굴 시켜야 되고, 내가 생각한 것과 똑같은 수준을 직원들이 만들어내도록 가르쳐야 되고, 그 퀄리티가 계속 유지되게 만들어야겠죠. 그래서 내가 부하 직원들을 끝까지 책임지면서 일정한 수준으로 뽑아낸 결과물을 10억짜리로 발전시키기를 원해야 하는 시기가 올 수 있어요.

근데 이분의 마인드로는 그게 안 돼요. 부하 직원들이 해내는 퀄리티가 그 수준까지 도달하도록 가르치고 기다리는 게 성격 상 어렵거든요.

제가 만나는 분들 중에 디자이너, 프로그래머, 컨설턴트, 인테리어 분야에서 혼자 일하시는 분들이 사무실을 크게 만들면서 병목이 되는 경우가 있어요. 자기가 마지막 터치를 하지 않으면 일이 진행이 안 돼요.

152

혼자 일하시는 분이 사무실을 크게 만들면서 병목이 되는 경우가 많아요.

그래서 만날 밤을 새요. 집에도 안 가고 영업하면서 만날 술 먹고, 회사 들어와서 또 일해요. 왜냐하면 자기가 마지막을 손보지 않으면 안 되니까요. 또 피드백을 주지 않으면 안 되니까 직원들도 12시까지 집에 못가요.

물론 그러면 퀄리티 유지는 되겠죠. 자기 맘에 드니까. 그래서 자기가 이 자리까지 왔다고 생각해요. 하지만 아랫사람들은 지쳐 나가떨어지죠. 내가 뭘 했다는 성취감이 전혀 없으니까요. 본인도 알아요. 하지만 자기가 살던 대로 살지 않으면 미칠 것 같아요. 그래서 저한테 와요.

저는 그런 분들한테 퀄리티에 대한 기준을 낮춰야 된다고 말씀드려요. 그러지 않으면 당신 죽는다고. 당신이 이미 이쪽을 선택하셨으면 그에 대한 올바른 태도라는 게 있다, 라는 말씀을 드립니다. 그래서 이건 본인의 성향이라는 걸 아셔야 해요. 즉, 나 자신의 성향을 먼저 알아야 한다는 겁니다.

짜증은 저강도 분노이자 몸이 보내는 신호

그리고 지금 사장님하고는 사실 안 맞는 부분이 많아요. 그래서 힘든 면이 있어요. 사장님도 이분의 그런 성향을 알고 그걸 장점으로 여기고 존중해주면 좋겠어요. 그러면 윈윈이 될 듯한데. 하지만 칼자루는 사실 사장님이 쥐고 있는 거니 그걸 기대하긴 힘들겠죠?

그러니까 따지질 못해서 혼이 나면 얼굴에 다 드러나고, 혼자 있으면 상당히 폭력적이 됩니다. 소소한 일에도 불만이 생기고 욕도 늘고 물건을 집어던지는 버릇도 생기고요.

이게 바로 물이 끓는 겁니다. 앞에서 말했죠? 물의 끓는점이 넘는 순간이 점점 자주 오는 거예요. 그걸 심리적 용어로 '짜증'이라고 하는데요, 짜증이란 저강도 분노예요. 누가 톡 하고 건드리면 바로 팍 발산해버리고…… 누가 건드리기만 해봐! 하는 상태죠. 이렇게 자꾸 짜증이 나는 자신이 미우니까 화내고, 돌아서면 바로 후회하고 자책하고, 그러니 물이 확 끓어오르는 순간이 반복되는 거죠.

'짜증은 몸이 내게 보내는 신호다'라고 생각하세요. 소소한 일에도 화가 나고 마음이 상하는 건 이분이 자폐나 우울증이 생겨서가 절대 아니고, 상황상 마음속에 있는 물이 끓어오른 거예요. 그걸 알고 그릇에서 물을 빼내거나, 온도를 낮춰야 해요. 그러면 되는 거지 병이 된 건 아닙니다.

중요한 건 이게 사연 의뢰하신 분과 사장님의 성격과 일에 대한 태도의 근본적 차이에서 비롯된 거라 일시적인 문제가 아니라는 거예요. 이건 근본적인 문제예요.

두 사람이 안 맞는 부분이 있고요. 그런 점에서는 종국에는 다른 카페 찾아보시는 게 나을지도 몰라요. 정말 냉정하게 얘기하면요. 모든 사장님이 이렇진 않을 거거든요. 도리어 1년 가까이 매니저 일을 성공적으로 잘하신 분은 어디든 취직되실 거예요. 그러면 이분 입장에서 자영업 처음 시작하는 사장님 밑으로 연봉 올리고 가실 수 있을 거예요. 왜 여기서 마음 고생하면서 지내요? 다른 데 가시고, 대신 본인의 삶의 비전 속에서 앞으로 5년, 10년 후에는 이런 일이 벌어질 가능성이 있다는 걸 이해하셨으면 좋겠습니다.

☑ ⌣
☐ ⌢

오너가 원하는 바를 맞추기 전에
내 성향과 내 삶의
비전을 아는 게 우선이다.

툭하면 지각, 툭하면 폭식……
고쳐지지가 않아요

30대 기혼 여성입니다. 원래 게으르고 목표에 비해 실천력이 약했지만, 20대 후반부터 심해졌습니다.

가장 먼저 시간관념이 사라졌습니다. 오전 9시 약속인데 10시에 일어나요. 못 일어날 줄 알면서도 전날 밤늦게까지 하고 싶은 걸 다 합니다.

비만이라 다이어트가 필요한데 음식도 자제하지 않습니다. 살찐 나를 미워하면서 야식을 먹어요.

과제나 업무가 있을 때 소위 벼락치기 하는 걸 넘어 일부러 마감일이 임박할 때까지 내버려두면서 오히려 초조함을 즐기고 있다는 것을 알았을 때 나 자신한테 너무나 실망했지만, 한번 생긴 습관을 고치기가 어려웠습니다.

이런 행동이 반복되다 보니 일이나 인간관계, 자기관리 등 모든 방면에서 커리어가 무너져버렸지만 죄책감을 느끼지 않습니다. 아니, 불안이나 자괴감을 느끼는데도 도무지 의욕으로 연결되지 않습니다.

스스로 단점을 잘 알고 이를 극복할 방안을 마련하려 해도 어김없이 반복하고 맙니다.

10년째 이런 생활에 중독되어 있습니다. 지난 3~4년은 여기에 우울감이 겹쳐 청소나 식사 준비 등 가정을 꾸리는 최소한의 일 외에는 아무것도 하지 못하고 힘든 시간을 보냈습니다.

최근에 다시 직장 생활을 시작하면서 조금 나아지는 것 같지만, 커리어를 계속 쌓으려면 자기 관리도 해야 하고 힘든 과제를 계속 넘어야 할 텐데 걱정이 앞섭니다. 지금까지 해오던 행동을 되풀이할 것 같고 영영 벗어나지 못할 것 같아서요.

어떻게 하면 벗어날 수 있을까요?

단지 의지의 문제일까요?

연민, 이완,
멍 때림이 필요하다

저는 이 사례에서 뒤로 미루는 행위의 두려움이 뭔지, 이런 중독의 캐스케이드(cascade)에 관한 말씀을 드리고 싶습니다. 이건 중독의 악순환이에요.

아마 이분은요. 본인이 생각하기에 '이 정도는 해야 해'가 되게 높으신 것 같아요. 시작하면 엄청 잘해야 해요. 그래서 아예 시작을 못해요.

운동하면 몸이 부서져라 해야 하기 때문에 운동을 자주 안 하는 사람도 있을 수 있죠. 왜냐하면 죽을 정도로 해야 한 것 같으니까. 일도 마찬가지일지 모르고요.

이게 중독적 성향을 가진 사람들이 갖는 특징이에요. 모든 걸 빡세게 해야 해요. 아마 초기에는 그렇게 사셨을 수도 있어요. 공부도 빡세게 연애도 빡세게 운동도 빡세게. 도파민형 인간이라고 얘기하는데 그래야 뇌가 자극이 되거든요.

미루는 것은
정상적인 심리

근데 어느 순간부터 이런 생각을 하니까 자기도 힘든 거예요. 자기가 만든 족쇄에 자기가 걸린 거예요. 그럴 가능성이 있어요. 만족할 만큼 하려면 너무 빡세게 해야 하니까 조금씩 뒤로 미루게 되는 거죠. 그래서 아예 시작을 못해요.

그런 거 있잖아요, 손 큰 엄마. 만두 한번 빚으면 500개씩 빚어야 되기 때문에 아예 우리 집에선 만두 안 먹은 지 5년째야. 김밥 한번 말면 50줄씩 말아야 하기 때문에 차라리 안 말고 말아.

그런 부분 때문에 미루는 게 하나 있고요. 미루지 않을 땐 다른 일에 몰입하는 경우가 많아요. 갑자기 컴퓨터 폴더를 정리한다든지 갑자기 옷을 다 끄집어내서 옷장을 확 정리한다든지. 그런 걸 통해서 권태, 시간관념 상실, 불이익 같은 것도 생기게 되겠죠.

그런 식으로 지금 내가 뭘가 해야 한다고 느끼는 순간의 긴장도가 너무 높으니까 일단 그 긴장을 낮추기 위해서 관심을 딴 데로 돌리고 시작을 못해요. 그러면서 긴장과 불안으로 초조해하고 죄책감에 시달려요.

저도 원고 쓰기 전에 10분쯤 책상 정리하고, 커피도 괜히 정

미루는 것은
정상이지만
후회와 죄책감을
느끼지 않는 건
나쁜 사인입니다.

성스럽게 끓이고, 화장실도 갔다 오고, 혹시 중요한 메일이 왔나 열어보고 그러거든요. 최대한 미루는 거죠. 그건 정상적인 인간 심리의 하나예요.

게임 중독도 이런 거예요. 그래서 뭔가 문제가 생겼어요. 정신 차리고 나니까 죄책감, 후회, 미련, 불쾌감이 확 밀려와서 기분 나빠져요. 그러니까 또 미루는 쪽으로 가는 거예요. 금방 긴장이 돼요. 사실은 긴장 많이 안 해도 되는 일인데 긴장 70퍼센트를 기본으로 먹고 들어가는 거죠. 그러니까 뭐만 하려고 하면 금방 옆으로 피하거나 딴생각하게 돼요. 그럼 또 악순환의 고리가 뻥뻥 돌아요. 이분이 지금 그런 식이에요.

이게 우리가 갖는 중독의 기본 메커니즘입니다. 이분은 여기에서 먹는 것으로도 갔어요. 먹는 게 묘한 만족감을 주거든요. 일단 당 수치를 올려주니까 뇌가 화학적 만족을 얻어요. 그래서 새로운 악순환이 만들어집니다.

예를 들면 이런 거죠. 뭔가 기분이 안 좋은 게 있어. 왕창 먹어. 그리고 토해. 토하고 나면 죄책감 생겨. 죄지은 것 같아. 폭식하고 토한 다음에 속이 확 후련해지면 기분이 좋아져서 일주

일은 편하게 지낼 수 있는데, 기분 나쁘니까 조금만 자극받으면 또 먹고 싶어져. 토하고 싶어져.

이분은 뒤로 미루는 게 습관인데 그건 사람마다 달라요. 청소를 해요, 쇼핑을 해요, 섹스를 해요, 술을 왕창 먹어요, 이런 사람도 있을 수 있고요. 클럽 가서 아무하고나 자요, 이런 사람도 있을 수 있겠죠.

근데 그러고 나서 정신 차리면 내가 얻은 건 아무것도 없고 공허하고 화가 나요. 이런 내가 싫은 거예요. 자제하지 못한 내가. 그럼 또 죄책감 생기죠. 제일 나쁜 악순환 속에 들어가 있는 거예요.

도파민형 인간의 특징
'뭐든 빡세게'

이런 분들이 사실 원칙적으로 어떤 문제가 있냐 하면 놀 때도 이렇게 노는 경우가 많아요. 이분은 어떨지 모르겠지만. 노래방 가서 밤새 놀거나, 돈을 100만 원씩 짜릿하게 질렀어! 술 마시고, 여자 불러! 이렇게, 푸는 것도 이걸로 풀어야 되는 부류.

이런 분들 중에는 안달복달로 해결하는 분도 있어요. 망할지 몰라, 망할지 몰라, 이런 얘기하면서 공부 다 하는 애들 있죠? 공부 하나도 안 했어 이러는데 알고 보면 밤새 공부하고 온 애들. 불안 초조를 불안 초조로 막아요. 이 사람들 말을 들어보면 '우리 집이 망할지도 몰라, 나 혼날지도 몰라, 큰일 날지도 몰라' 하는데 이게 동기부여가 되는 경우도 있거든요. 지치고 피곤해도 그렇게 안달복달하고 있어야 돼요. 그래야 마음이 편해져요. 이중 삼중으로 체크하는 분들 있잖아요. 대개 우리나라 사람들은 이 두 개를 오가는 경우가 많아요. 나를 불안하게 만들거나 뭔가 짜릿하게 오! 필승 코리아! 이런 걸 하거나.

이분은 죄책감을 느끼지 않는데요. 이건 문제예요. 내가 나한테 적용한 마감을 지키지 않은 건 나 혼자 손해 보고 끝나는 거지만, 일이 펑크 나거나 약속이 펑크 나면 다른 사람에게 피해가 갈 수 있잖아요.

근데 죄책감을 느끼지 않는다는 건 상당히 문제죠. 그것까지 날 마비시키고 있다는 거거든요. 그다음 단계로 와 있다는 겁니다. 자포자기의 세계까지 들어가 있다는 건 상당히 안 좋은 사인입니다.

어언 10년째래요. 그러다 보면 우울해지죠. 당연히 우울하지. 사실 죄책감조차 느끼지 못한다는 건 상당히 심각하거든요. 미루는 것은 정상이지만 후회와 죄책감을 느끼는 걸 잃어버린 것은 배드 사인입니다.

매번 실패하니까 죄책감 느끼는 게 괴롭죠? 그러니까 아예 불편함을 안 느끼는 거예요. 항상 그렇듯이 교정 효과는 초범에 최고고요. 5범, 6범, 7범으로 가면 미안해하지도 않아요. 또 교

도소 갔다 오지 뭐, 이러고 말아요. 이분도 이미 10년째 이러고 있기 때문에 죄책감도 안 느끼고 '에이, 몰라' 정도의 캐스케이드와 관성이 만들어져 있어서 웬만해서는 고치기 어려울 것 같아요.

그래서 정말 특단의 노력을 하셔야 하는데 이걸 억제하려고 너무 이 동네에서만 애쓰지 마시고요. 연민, 따듯함, 이런 동네를 찾아내서 그 부분을 강하게 키우면 이쪽 동네를 굴릴 일이 줄어들게 돼요. 도리어 그게 훨씬 새로운 길을 뚫어주는 방법일 수 있어요.

이 길이 자꾸 막히는데 이걸 어떻게 뚫을까보다는 아예 새로운 길을 찾는 거죠. 비행기로 가자. 기차 말고. 그 방법을 찾는 게 훨씬 안전한 길이라는 말씀을 드리고 싶습니다.

그래서 연민, 이완, 느긋함, 멍 때림, 따듯함, 누군가와 함께 있음. 이런 상태를 잘 유지할 수 있도록 노력해야 된다는 말씀을 드리고 싶습니다. 그리고 기대치를 낮춰야 돼요. 이분은 최근에 취업을 하셨지만 성과보다는 따듯함, 편안함, 이런 경험을 더 중요한 가치로 만들어서 축을 만드셨으면 좋겠어요. 일은 일, 집은 집, 이렇게 분리되어 있는 삶이 아니라.

그래도 크게 문제되지 않는다는 걸 경험하시면 기존에 가졌던 '해야 해, 근데 잘하려면 너무 힘드니까 일단 미뤄' 하는 긴장감이 훨씬 떨어지게 돼서 이 동네로 갈 일이 없어질 거예요. 이런 생각들이 이분에겐 필요할 것 같아요.

3장

이런 고민,
저만 하는 걸까요?

아무리 친한 친구도
둘이 만나면 어색해요

20대 중반 여성이에요. 얼굴에 갈색점이 있는데 학생 때 너무 스트레스를 받아 강박증과 대인기피증이 생긴 것 같습니다. 대학교 때는 '연필이 떨어지면 어떡하지?' 같은 강박적인 생각이 많이 들어서 시험 기간마다 정신과에서 약을 복용하기도 했습니다.

대인기피증은 사람들이 제 얼굴을 보고 이상하다고 생각할까봐 눈을 잘 마주치지 못하고, 피하게 되면서 생긴 것 같습니다.

저는 예전부터 중학교 친구들한테 많이 의지하고 있습니다. 지금은 멀리 살다 보니 대략 3개월에 한 번꼴로 만나는데, 10년이 지난 사이인데도 둘이 만나면 어색해서 셋 이상 만나는 걸 선호합니다.

대학교 친구들은 세 명인데, 이 친구들은 저 말고도 친구가 많아서 꼭 우리 네 명이 아니어도 다른 친구들하고도 잘 어울립니다. 하지만 저는 이 셋하고만 친해서 이 친구들이 없으면 말 그대로 학교에서 '아웃사이더'가 됩니다.

연애를 길게 못하는 것도 고민이에요. 여섯 명 정도 사귀었는데 거의 한두 달밖에 못 갔습니다. 제가 찬 경우와 차인 경우는 반반입니다, 차인 경우에는 연애하면서 많이 싸웠고 '나는 이만큼 널 생각하고 배려하는데 너는 안 그러는 것 같다', '너는 친구들한테 자랑하려고 나를 사귀는 것 같다'는 소리를 많이 들었습니다. 연애가 짧게 끝날 때마다 점차 '나한테 문제가 있나?'라는 생각도 들고요.

제가 정상인 건지 문제가 있는 건지 궁금합니다.

친구 사이에도
쉴 시간이 필요하다

둘 만나면 어색하고 셋이 편하시대요. 그런 경우 꽤 있죠. 저도 둘만 만나면 불편한 사람들 꽤 있어요. 근데 정말 불의의 사고로 둘만 만나야 할 때 있잖아요. 네 명이 만나기로 했는데 한 명은 너무 늦는다 하고 한 명은 급한 일이 생겨가지고 둘만 만나게 된 거예요. 멀뚱멀뚱하게. 만약에 그걸 두 시간 전에만 알았으면 모임을 폭파시켜버렸을 텐데 그렇지 못해서 할 일 없는 둘만 만나요. 누굴 부르기도 애매하고.

대개 이게 어떤 거냐면요. 셋이 만나면 쉴 수 있어요. 근데 둘만 있으면 쉴 수가 없어요. 뭔가 계속 얘기를 해야 해요. 연애하는 사이가 아닌 한.

연애할 때는 그래도 좋잖아요. 서로 집중할 수가 있으니까. 근데 연애도 초창기에나 그렇지 하반기로 넘어가면, 연애에 하반기라는 게 없긴 하지만 유지기로 넘어가면 쉬는 시간이 필요하잖아요.

연애 초기와 중기에 극장에 가는 이유가 있더라고요. 초기

셋이 만나면
쉴 수 있어요.
근데 둘이면
쉴 수가 없죠.
그러니 셋이 편해요,
그건 정상 심리예요.

에는 스킨십 진도 나가려고 극장에 간대요. 손잡고 어깨 만지고. 근데 중기로 접어들면 두 시간 동안 서로 말 안 하고 앞만 볼 수 있고 어차피 봐야 될 영화니까, 그래서 극장 가는 게 좋대요. 데이트 시간 그렇게 때우는 게 편하죠.

어떻게 보면 쉴 시간이 필요한 거예요. 근데 그걸 불안해하는 분들이 있어요. '우정이란 섹스 없는 연애'라는 얘기도 있는데 김현의 〈행복한 책 읽기〉에 보면 이런 말이 있습니다. '제일 좋은 친구는 서로 아무것도 하지 않고 가만히 있는데도 편안한 사람, 그런 친구가 난 진짜 친구라고 생각한다.' 참 공감이 가요.

정말 편한 친구를 만나면 얘기 좀 하다가 각자 핸드폰 보고, 한 사람은 저기서 야구 중계 보다가, 그런데 말이야 하면서 얘기하고, 그래도 전혀 어색하거나 서로 배려받지 못했다고 생각하지 않아요.

30분쯤 '그거 알아?' 하고 얘기하다가 또 잠깐 맥주 한 잔 하기도 하고, 핸드폰 들여다보기도 하고, '나 노트북 꺼내서 일 좀 할게' 하다가 또 얘기하고…….

그렇게 두세 시간 같이 있어도 전혀 어색하지 않은 친구도 있죠. 근데 그런 친구를 만나기가 참 어려워요. 이분도 그런 친구를 못 만나보신 것 같아요. 그리고 그런 친구 사이도 있을 거라는 걸 상상을 못하시는 것 같아요.

그래도 돼요. 안 그러면 오래 못 있어요. 연애를 해도 둘이 계속 얼굴 쳐다보고 있기가 얼마나 괴로운데요. 하물며 친구 사이에서 그러기엔 너무 피곤해요. 그래서 셋이 있으면서 긴장도를 떨어뜨리는 게 필요하다고 생각할 수 있다는 거죠. 그런 면에서 첫 번째, 이건 정상 심리예요.

'각자 놀기'와 '침묵의 시간' 친구 사이에도 필요하다

두 번째, 대화가 끊어지는 걸 두려워하시는 분들이 있어요. 대화가 끊어지면 '저 사람이 나와 더 이상 얘기하고 싶지 않은가?'라는 생각을 하기 쉬워요. '내가 재미없나?' 근데 그렇지 않다는 겁니다. 대화가 끊어지고 잠깐 침묵하는 순간은 사실 언제나 있을 수 있는 거고, 친구 사이에서는 그걸 인정하자는 겁니다. 비즈니스 미팅을 하고 있는 게 아니라면요.

대개 비즈니스 미팅에서는 20초 정도 얘기가 끊어지면 서로 털고 일어나자는 사인이죠. 핸드폰 꺼내면서 '다음에 또 봡

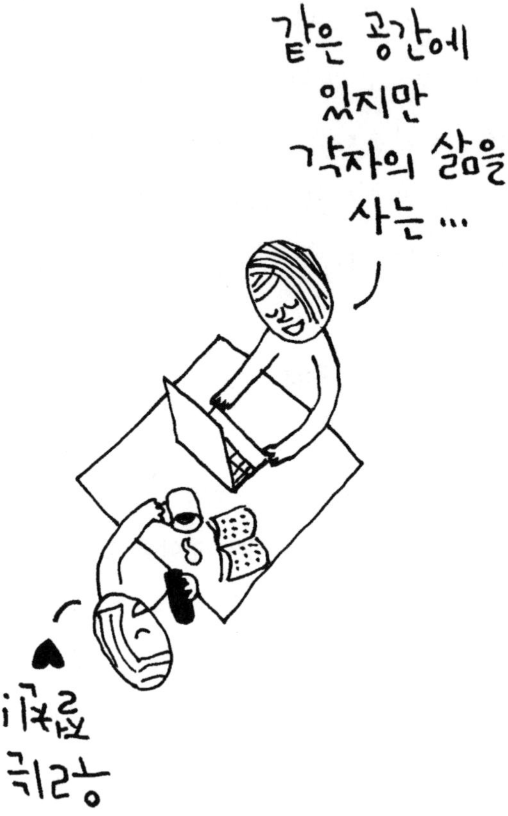
같은 공간에 있지만 각자의 삶을 사는…
우리는 절친!

시다, 연락드릴게요' 이게 딱 돼요. 근데 친구 사이에서 생기는 침묵의 순간을 견디는 능력은 사실 내가 지루해서 그런 게 아니라는 걸 인정하고 이해해야 가능하죠. 저 친구가 조용히 있어도 그냥 그럴 수 있다고 생각하는 거예요.

그걸 생각하지 못하는 분들은 상대방이 '어? 쟤가 몸에 이상이 있나?'라고 여기게 되는 경우가 많죠. 화장실을 너무 자주 가니까요. 불안하고 긴장될 때마다. 말이 끊어질 때마다.

화장실은 우리가 재미없는 모임에서 딱 한 번 쓸 수 있는 카드잖아요. 언제 쓸진 잘 생각하셔서 쓰셔야 되는 거죠? 너무 빨리 갔다 와도 안 되고 너무 늦게 갔다 와도 안 되고, 중간에 적당히 가서 좀 오래 있다가 와야 되는 게 화장실 카드예요.

그렇기 때문에 둘만 만나서 어색한 건 있을 수 있다. 대신 그걸 극복하는 방법은 각자 노는 것을 인정하기, 내지는 '잠시 멈춤' 같은 조용한 침묵의 시간이 정상적으로 있을 수 있다는 걸 받아들이기. 이게 굉장히 필요하다는 겁니다.

모든 사람에게는 '최적의 거리'가 있다

이분은 좀 거리 있는 만남이 좋거든요? 사람에 따라 최적의 거리라는 게 있어요. 사람마다 자기가 안전하다고 여기는 보이지 않는 거리가 있다는 겁니다. 어떤 사람은 거리가 좀 먼 게 좋고, 어떤 사람은 가급적 가까운 게 편안해요.

흔한 예가 말을 놓는 거예요. 성인이 된 다음에 사회에서 누굴 만나면 말 놓기가 쉽지 않죠? 그런데 어떤 사람은 한두 번 보면 바로 나이 물어본 다음에 "형이라고 불러도 돼요?" 하고 소주병 따르면서 한 손으로 받으래요. 반대로 1~2년을 만나도 서로 존대하는 게 편한 사람도 있어요. 그렇다고 거리를 두겠다는 게 아니라 그게 예의이고 편안한 거죠. 지킬 건 지키면서 지내는 게.

둘 중에서 이분은 후자에 가까운 분이에요. 근데 상대가 가까이 다가오면 불편해지기 쉽죠. 나의 최적의 거리보다 가까이 다가온 거니까.

최적의 거리가 가까운 사람이 이분 같은 사람을 보면 너무 거리를 둔다고 느낄 수 있고요. 이분 입장에서는 상대편이 지나치게 들이댄다고 생각할 수 있죠. '난 이게 좀 불편해. 다른 얘기 할까?' 하면서.

우리가 25세 이상이고 사회 생활을 어느 정도 한 정상적인 사람이라면 대강 돌려 말하는 걸 알아들을 정도의 눈치 코치

는 있거든요. 이 말을 못하고 내가 이런 점이 불편하다, 이걸 못한다 해서 아예 관계를 끊어버리진 말자는 겁니다.

관계 문제에 있어서 동양 사람들은 어딘가에 속해 있어야 마음이 편해요. 대신 내가 속한 집단과 내가 속하지 않은 집단 사이의 거리가 아주 멀어요. 그래서 어떻게든 '우리'가 돼야 해요. 어떻게든 집단이나 모임에 소속되어 있고 친구 그룹에 끼여 있어야 해요.

예를 들면 저를 소개할 때 '건국대병원 정신과 의사 하지현입니다'로 설명하죠. '저는 하지현인데요. 정신과 의사고요. 일하는 데는 건국대병원이고요. 의대 교수고요. 책은 몇 권 썼어요.' 이렇게 얘기하지 않아요. 그만큼 문화적인 부분도 있다는 거예요.

즉 문화적인 부분들 안에서 우리는 어딘가에 소속되어 있지 않으면 불안해요. 또 누군가하고 만날 때도 세 명, 네 명, 다섯 명 이렇게 만나면 내가 여기 소속되어 있다는 느낌이 들잖아요? 애들이 나를 챙겨주고 있다는 느낌. 그런 걸 느낄 때 편안해요.

그만큼 우리는 우리가 되는 게 중요한 거예요. '우리가 남이가?'라고 말하잖아요. 그 얘기는 거꾸로 말하면 우리 안에 들어오지 못하면 내가 왠지 겉도는 것 같아요. 아웃사이더란 단어 많이 쓰시는데, 내가 보호받지 못하는 존재가 되는 것 같은 불안감을 느낀다는 겁니다.

그래서 집단에서 강요하는 것들을 더 중시하고, 집단의 룰과 나의 룰이 맞지 않더라도 그걸 먼저 따르거나 받아들이는 데 익숙해지는 것 같아요.

이건 상당히 타고난 기질이기도 해요. 억지로 활달하려고 애쓰다가 좌절하지 마세요. 이게 이 분의 장점이기도 하니까요. 먼저 최적의 거리라는 게 있다는 것, 그리고 이런 면에서 보면 나는 인간관계에서 남들과 조금 거리를 두는 게 좋고 편안한 사람이라는 걸 아는 게 우선입니다.

억지로 활달하려고 애쓰지 마세요. 편하고 안전한 친구는 한 명이면 족해요.

그다음에 인간관계를 맺을 때 쉽게 긴장하고, 친한 친구도 둘이 만나면 조금 불편하지만 그런 점은 조금씩 고쳐 나가고, 서로 대화를 하지 않고 조용히 있다고 해도 그게 불쾌하고, 이제 그만 헤어지자는 신호가 아니라는 걸 이해하는 사이가 되면 더 좋아지지 않을까요?

그렇게 편하고 안전한 친구가 딱 한 명만 생겼으면 좋겠어요. 그러면 숨통이 트입니다. 그러고 난 다음에 나의 최적의 거리를 조금씩 넓혀보자. 그렇게 생각해보면 좋겠습니다.

사람마다 최적의 거리가 있다.

나의 최적의 거리는
어느 정도인가를 아는 것이
관계 맺기의 시작이다.

들어주다 기 빨리고
관계도 틀어지고

27세 직장 여성입니다. 다른 분들 사연 들으면서 매우 공감했는데요. 저 또한 혼자서도 잘 지내지만 마음을 나눌 친구가 없어 외로움과 허전함을 느끼기도 합니다.

그래도 그런 마음을 제가 선택한 생활방식에 대한 기회비용이라 여겼는데, '떠오르는 친구가 한 명도 없는 상태'를 나쁜 사인이라고 콕 집어주셨을 때 머리를 한 대 맞은 기분이었습니다.

저는 단짝이었던 친구와의 관계가 단절된 경험이 몇 번 있습니다.

첫 번째, 저는 제 마음을 열어보였다고 생각했는데 친구는 서운함을 느끼고 화를 냈습니다. 저는 갈등이 불편해 그 친

183

구를 떠났고요. 일부러 제 마음을 숨기거나 속이는 것은 아닌데, 제 감정을 별로 공유하고 싶지 않을 때가 많습니다. 그래서 선생님이 말씀하신 '상태에 대한 거짓말'을 가끔 하게 되는데 그래서 관계가 잘 형성되지 않는 것 같습니다.

두 번째, 저는 남의 이야기를 잘 들어주는 편입니다. 남의 일에 심하게 감정을 이입해서 제 상황이나 감정을 잊어버리는 경우가 많은데요, 결국 상대방이 저를 거의 영혼의 동반자처럼 여기게 되고 그 상태가 지속될수록 나를 잃어버리는 것을 느끼면서 제가 그쪽을 멀리해 관계가 단절됩니다.

첫 번째 경우는 한 번 있었지만 두 번째 경우는 여러 번 있었습니다. 한번은 여러 친구들 사이에서 속을 터놓지 않았다가 한 아이가 저를 깍쟁이, 여우로 구설수에 올리는 바람에 가벼운 따돌림을 당한 적도 있습니다.

그 아이는 여자들 사이에서 커다란 비밀을 공유하는 것을 의리로 여겨 점수를 매기고 그 외의 사람들은 배척하는 스타일이었습니다. 그 일은 그냥 똥 밟았다고 생각하며 살고 있습니다.

저는 성격도 내향적이고 누군가에게 저의 견해를 보이는 것도 싫어하는데, 몇 년 전 원치 않게 어느 집단의 대표가 된 적이 있습니다. 그때 일을 추진하는 과정에서 격렬한 갈등이 벌어졌을 때 구성원들의 이야기를 열심히 들어주고 중재하느라 나가떨어져 너덜너덜해지는 것을 느꼈는데요.

당시에 저를 완전히 지배해서 생활 자체를 어렵게 만들었던 우울함을 극복하는 데 1년 이상 걸렸습니다. 지금 제가 사람들에게 질려 있고 사람들을 가까이 하지 않으려 하는 성향이 그때 이후로 짙어진 게 아닐까 싶어요.

새로운 사람을 사귀기는커녕 있는 친구들과도 관계도 어떻게 유지해야 할지 무척 고민입니다. 나이가 들었을 때 친구가 없으면 너무 외롭지 않을까 싶어 나를 불러주는 친구들을 일부러라도 만나고 마음을 나누는 시늉을 하지만, 어떨 때는 그런 자리가 짜증 나기도 해서 빨리 집으로 돌아오고 싶어집니다.

얼마 전 남자 친구와 헤어진 이유도, 상대방의 존재 자체가 무겁고 짐처럼 느껴져서 저의 영역에서 제거해버리고 싶다는 생각이 들어서예요.

앞에서 '관계 속의 에너지 선순환'을 해결책으로 제시하셨는데, 그런 노력조차 귀찮습니다. 특히 제가 힘든 상황에 놓이면 상대방을 짜증스럽게 여기는 저 자신을 어떻게 하면 좋을까요?

저를 진심으로 걱정해주는 친구들이 불편하고 부담스럽지만, 머리로는 미안함도 느낍니다. 정말 어떻게 살아야 할지 모르겠습니다.

모두가 만족하는 방법,
없다

열심히 잘 들어주는데 그러다 기 빨리는 타입이에요. 그리고 관계는 틀어지고 지쳐버리고요. 이분도 앞에서 봤던 분들이랑 비슷해요.

이분은 내향적인데 집단의 대표자가 된 적이 있대요. 이분은 모든 사람이 다 동의해야 일이 진행된다고 생각하는 타입이에요. 그러니까 욕먹기 싫은 거예요. 그러다 보니까 갈등이 생기면 열심히 중재하는데 이런 경우 대표적인 게 모두한테 욕먹는 거죠? 열심히 들어주다가 본인은 지쳐버려요.

첫 번째, 먼저 복습부터 해보죠. 반복 학습이 최고입니다. 최적의 거리. 그중에서도 약간 거리를 두고 지내는 게 편한 타입, 앞에서 봤는데 기억나시죠? 이 거리가 다른 데서 오는 갈등이 친구와의 사이에서 벌어진 것 같습니다.

나는 내 마음을 열어줬다고 생각했는데 저쪽은 '나한테 모든 걸 밝히지 않는 것 같애' 하면서 서운해했대요. 그러니까 이분은 최적의 거리가 먼 스타일이죠? 난 이 정도면 밝힐 건 다

밝혔는데 친구는 최적의 거리가 가까운 스타일이에요. 그거 말고 더 깊은 얘길 해야 친구라고 생각하는 부류. 뭔가 좀 더 내밀한 얘기들. 그러니까 서운해해요.

근데 이분은 반대 과니까 자기가 너무 침범당한다고 생각해서 조심하게 돼요. 누가 잘못한 건 아니죠? 근데 이분은 소심한 성격이니까 도망간 거죠. 왜냐하면 내가 더 오픈할 자신이 없으니까. 오픈했다가 아차 하면 나의 내면 깊은 곳까지 밀고 들어올 것 같아요.

우리 집까진 어떻게 들어와도 참을 만하겠지만 얘가 방 안까지 들어와 내 침대에 누워 있으면 어떻게 하지? 내 자릴 차지하면 어떻게 하지? 내가 얘한테 확 흡수되어버리면 어떻게 하지? 그런 생각으로 내면의 심한 불안들이 깜빡깜빡하면 도망가게 되어 있어요.

자기 레퍼토리를 던지는 사람은
조심하는 게 좋다

두 번째로 이런 친구가 있어요. 두어 번쯤 만났는데 우리 엄마 아빠 이혼했어. 나 입양됐어. 사실 내가 2년 전에 애를 지웠거든? 이런 얘기하는 사람들이 있어요. 아주 친하거나 정말 가족끼리도 얘기 잘 안 할 것 같은 이야기들을 하는 사람들.

우리 마음은 항상 남과 동등하고 싶어해요.

어떻게 보면 퍼스널 시크릿(personal secret)이라고 할 만한 이야기를 나한테 던지는 사람이 있어요. 그러면 나는 무척 부담스러워지죠. '어, 그래? 재밌다.' 이게 아니잖아요. 얘가 '너 쟤 알지? 나 어제 쟤랑 잤어.' 이런 얘길 하면 '어? 그럼 나는 쟤랑 뽀뽀했는데.' 이 정도는 얘기해야 될 것 같은 거예요.

쟤가 매번 스테이크를 사주면 나도 가끔 돈가스는 사줘야 될 것 같아요. 왜냐하면 내 마음 안에 부채가 있는 게 싫거든요. 저 사람이 자꾸 나한테 선물하고 밥을 사주면 나도 뭐 하나 해주지 않으면 너무 불편한 거예요. 좋은 게 아니고. 우리 마음은 항상 동등하고 싶거든요.

그걸 '마음의 빚을 지고 싶어하지 않는다'라고 해요.

문제는 그걸 이용하는 사람들이 있어요. 자기 레퍼토리가 있는 사람들이죠. 자기가 엄청 고생했고 괴롭게 살아왔다는 레퍼토리를 만들어요.

두세 번 만났는데 그 얘길 해요. 이 사람은 별로 상처가 아니에요, 그 얘길 공개하는 게. 그리고 알고 보면 이미 많은 사람들이 알고 있어요. 다만 꽤 수위가 높아서 '나만 알겠지' 하고 다들 얘길 안 하고 있을 뿐이죠. 그럼 이걸 통해서 다른 사람들은 모르는 이 사람의 정보를 알게 되겠죠.

그러면 이 사람의 감정이나 비밀을 통해 자기랑 엮을 수가 있어요. 그런 방식으로 인간관계를 풀어가는 사람들도 있어요. 물론 그건 좋은 방법은 아니죠. 하지만 그런 게 익숙한 사람도 있어요.

이런 분들이 그런 사람을 만나면 굉장히 부담스러울 수 있죠. 마음을 열었다는 게 별 게 아니라 남한텐 별로 얘기하고 싶지 않은 시크릿들이 몇 개 방출된 거예요. 근데 저쪽에서는 '뭐 이거 가지고? 별 것도 아니구만. 야, 이런 건 지나가는 개한테 얘기해도 되겠다'라고 생각할 수도 있는 거죠.

그런 어려움들이 있을 수 있다는 걸 이해하자는 겁니다.

뭔지 감이 잡히시죠? 그러니까 그런 분들을 만나게 될 때 정말 조심해야 돼요. 나도 뭔가 비밀을 얘기해줘야 될 것 같은 욕망이 생기거든요? 그걸 참아야 돼요. 안 참으면 진짜 후회해요! 집에 가서 잠이 안 올 거예요. 큰일 나는 거예요.

그걸 공유하게 되면 관계가 끊어지는 순간 이 사람을 통제할 수 없게 되잖아요. 그럼 애가 그 비밀을 언제 어디다가 어떤 식으로 폭로할지 아무도 모르거든요. 그런 두려움들이 있을 수 있다는 걸 기억하시고요.

공감도 너무 잘하면 병이 될 수 있다

들어주다 기 빨렸다고 그랬잖아요. 이걸 전문 용어로 '공감적 과각성'이라고 합니다. 있어 보이는 단어죠? 이런 분들의 특징은 공감을 잘하신다는 거예요. 공감 잘하는 거 좋은 거잖아요? 공감 못하는 사람들이 세상에 널려서 문제인데 말입니다.

그런데 아무리 좋은 약도 과다 복용하면 독이 되듯이 공감을 너무 잘해도 병이 나요. 공감 능력이 뛰어나면 남이 힘들어하면 나도 막 같이 힘들어져요. 실제로 아파요.

공감 능력이 있다는 건 사실 좋은 건데 남들보다 과잉 발달해서 쉽게 몰두하는 분들도 세상에는 있어요. 상담사 되겠다는 분들도 그럴 수 있고요, 정신분석 훈련을 받은 사람들이 그렇게 될 가능성이 많아요. 힘들어하는 사람 얘길 듣다 보면 내가 너무 지쳐버리는 거예요. 그 사람 마음에 너무 들어가 있으니까.

191

남이 나한테 해주길 바라는 건 내 입장이고 상대방은 전혀 다른 거 원할 수도 있어요.

그래서 훈련을 받아서 공감 능력이 개발된 사람은 공과 사를 구별하는 것, 공감을 하되 거리를 유지하고 나를 지키는 것도 같이 배웁니다. 그런데 이분같이 타고난 공감 능력자는 충분히 힘들 수 있습니다. 이해합니다.

이런 분들에게 제가 말씀드리고 싶은 것 중 하나는 상대방이 당신에게 해줬으면 하는 방식대로 하지 말라는 겁니다. 지나치게 친절한 금자씨 같은 분들이 있어요. 남이 너한테 해주길 바라는 만큼 너도 남한테 해주면 돼. 이런 말 많이 하죠? 그걸 공감이라고 생각하는데 사실은 그렇지 않습니다.

남이 나한테 해주길 바라는 건 내 입장이고 상대방은 전혀 다른 거 원할 수도 있거든요. 그건 착각이에요.

저는 이분이 첫째, 약간 레퍼토리를 개발해보셨으면 좋겠어요. 남에게 공개해도 될 만한 조금 흥미롭고 비밀스러운 이야기. 하지만 검증돼서 안전한 걸로. 이 이야기는 해도 돼, 내 통제 하에 있어, '갑툭튀'라서 나중에 엄청 후회할 얘기가 아니라 적당히 재미있을 만한 과거의 실수담이나, 약간 비밀스러운 이야기인데 할 만한 것들. 한두 개쯤 있죠?

저 같은 경우에도 논문 '빠꾸 맞았다'는 얘기, 그래서 가슴 아팠단 얘기 가끔 써먹어요. 그런 식으로 다소 흥미로운 실수담일 수도 있고요. 내가 보기에 이 정도 얘기하는 건 괜찮다고 생각하는 이야깃거리들을 한번 만들어보시는 것도 좋을 것 같아요. 그것들을 던져주면 덥썩 물거든요.

그걸 통해서 나는 내 안전거리를 확보할 수 있고 안전함을 지켜낼 수 있을 거라는 생각이 듭니다.

두 번째, 이 세상에는 모든 사람이 다 만족하는 중재안이란 존재하지 않아요. 그건 오직 딱 하나, 로또 당첨됐을 때밖에 없어요. 그것조차도 분배를 어떻게 할 건가로 싸워요. 어느 쪽이건 누군가는 조금 더 손해를 보게 되어 있고 누군가는 조금 더 이득을 얻게 되어 있죠. 중재라는 게 그렇다는 거.

윈윈이라고 주장하지만 영어로 윈윈을 쓸 때조차 왼쪽의 윈은 대문자고 오른쪽 윈은 소문자예요. 누가 좀 더 가져가요. 그게 인생이죠. 여럿이 사는 세상에서 있을 수밖에 없는 일이라는 걸 아시고, 모든 사람에게 착한 사람이 될 순 없다는 것도 아시고, 지나치게 공감하지 마시고요. 이러다가 열 명에게 다

욕먹는 것보다는 차라리 아주 객관적인 규칙으로 교통정리를 하고 한두 가지만 사정을 봐주는 선에서 빨리 끝내는 게 훨씬 나아요.

　MT 가서 점심 뭐 먹을까 정하는데 모든 사람을 만족시키느라 두 시간 동안 뭐 먹을까만 얘기하면 진짜 '개짜증'이에요. 차라리 '어디 뭐가 맛있대. 가자! 끝!' 이러면 속 편하고 좋아요. 근데 너는 뭐? 너는 뭐? 계속 얘기해서 얘 의견은 이런데 넌 어떻게 생각하니? 넌 어떻게 생각하니? 하고 있으면 다 화나요. 배고파지니까. 그거랑 같은 거예요.

☑ :)
☐ :(

남에게 공개해도 될 만한
적당히 비밀스러운 이야기를 만들어두면
나의 안전을 확보할 수 있다.

성당에서는 리더,
사회에서는……

저는 평소 오만할 정도로 자신감에 차 있는 스타일입니다. 매사에 열정이 있고 평판도 나쁘지 않아 단체에서도 여러 직책을 맡고 있습니다. 문제는 이게 모두 종교에 국한된다는 것입니다.

차장님은 입사한 지 2년이 다 된 지금까지도 "너 같은 애는 처음 본다", "다른 회사였으면 너는 왕따였을 거다"라는 말씀을 하십니다. 처음에는 그냥 '이분이 나를 싫어하나보다' 했는데 생각해보니 저는 사람들과 원만하게 어울린 경우가 없는 것 같아요.

성당에서는 굉장히 리더급인데 직장에서는 잘 어울리지 못하고 대학 때도 혼자 있기를 좋아하고, 일을 해도 의욕이 잘 안 생겼습니다. 어떤 직책을 나 자신으로 생각해 자신감의 크기가 달라지기도 했고요.

과제를 위해 팀플레이를 할 때도 팀장이 되면 잘하는데 그렇지 않을 때는 별로였습니다. 그리고 어떤 위치가 아닐 땐 직책이나 성과를 거짓으로 이야기할 때도 있었습니다.

제 사회생활에 문제가 있다고 생각하게 된 결정적 계기는 연애 때문입니다. 저는 모태솔로인데 어머니 외에는 여성과 단둘이 있을 때 대화를 어떻게 이어가야 할지 모르겠어요. 23세까지는 여성이 주변 30센티미터 반경 안으로 들어오면 너무 긴장해서 스스로 물러나는 등 반응이 심했지만 지금은 어느 정도의 대화나 스킨십이 가능한 수준으로 회복됐습니다.

하지만 대화를 해도 주제가 자주 단절되어 억지로 대화를 끌고 나가게 되고, 필요한 경우가 아니면 문자나 카톡도 안 하고, 하더라도 안부 같은 형식적인 인사로 끝냅니다.

또 음식 조절이 안 되는 부분도 있습니다. 어렸을 때 분노 조절을 잘 못했는데, 중1 때 반장을 하면서 떠드는 아이들을 조용히 시킨다고 교탁을 찼다가 부서지고 제 발도 크게 다친 적이 있습니다.

지금은 웬만한 일은 웃어넘길 수 있고 최근 몇 년간 크게 화를 내본 적이 없습니다. 저 스스로도 많이 나아졌다고 생각하는데, 시도 때도 없이 찾아오는 식탐만큼은 제어가 안 됩니다.

보통 사람들은 특별히 배가 고프지 않으면 안 먹는 경우가 많은데 저는 언제나 참다가 폭식을 합니다. 한 번 술을 마시면 필름이 끊기고요.

좋고 싫음에도
은근함이 있어야

첫 번째는 이런 겁니다. 이분이 지금 한쪽에 너무 많은 걸 쏟아 부은 거예요.

이분은 아마 자기가 갖고 있는 100개 중에 70개를 아마 청소년기부터 쭉 삶의 모토가 된 성당 단체에 바쳤을 것 같아요. 그래서 그게 나의 삶의 가치관이 되었고, 이 사람들과의 모임에 모든 에너지를 쏟고 있어요.

그러니 회사는 여기에 뼈를 묻으라고 하는데 뼈가 안 묻히는 거예요. 그러니까 인간관계도 잘 안 되고 성당 단체 내에서의 관계가 아닌 부분에서는 항상 서툴러요.

종교 단체에는 특정한 종교적 문화라는 게 있잖아요. 그 문화 안에서만 편해요. 그 룰 안에서만 익숙하니까. 당연히 그 밖의 부분에서는 하나도 안 익숙하죠. 마치 이슬람 국가에서 살고 있는 것처럼 모든 게 불편하고 낯선 거예요.

존재에 대한 거짓말은
신뢰를 잃게 만든다

그런데 문제는 어떤 직책이나 위치에 있으면 내가 괜찮은 사람이 된대요. 흔히 '제복 입는다'고 얘기하잖아요? '나는 이러한 사람'이라고 규정되어 있는 그 자리가 나를 규정하게 돼요. 그러다 보니까 자신의 직책이나 지위를 거짓말해요. 아주 나쁜 사인이에요.

저는 상황에 대한 거짓말은 해도 되지만 자신의 존재에 대한 거짓말은 절대 하지 말라고 말씀드립니다. 상황에 대한 거짓말은 상황으로 끝납니다. '오시느라 수고하셨어요.' 하면 죽도록 고생해놓고서 '아이 뭐, 괜찮았습니다, 편하게 왔습니다.' 이런 얘기, 할 수 있죠?

근데 직책, 지위, 존재를 규정할 수 있는 사실을 거짓말하는 건 그다음에도 계속 유효하죠? 그럼 그 얘기가 유효할 수밖에 없는 거짓말이 또 다른 거짓말을 낳게 되겠죠. 거기에 얽힌 다음 얘기, 다음 얘기, 다음 얘기를 계속 거짓말할 수밖에 없게 되는 상황이 만들어져요.

결국 그 사람에 대한 신뢰가 깨지는 문제가 생기게 됩니다.

대표적인 예가 신정아 씨 사건이죠. 존재에 대한 거짓말은 무척 나쁜 문제라고 보실 수 있습니다.

종교 단체에는 특정한 종교적 문화라는 게 있잖아요. 그 문화 안에서만 편해요. 그 밖의 부분에서는 모든 게 불편하고 낯선 거예요.

30센티미터 반경 얘기 나왔잖아요? 다시 한 번 복습해봅시다. 인간에게는 최적의 거리라는 게 있다고 했어요.

다음 페이지의 그림을 보시면, 원 밖이 남이에요. 다른 사람. 그리고 원 안에 있는 내가 핵심 자아입니다. 우리 집으로 치면 내 방이에요. 그리고 원이 내가 허용하는 최적의 거리입니다. 우리 집, 우리 동네 정도 되겠죠.

근데 사람에 따라서는 원 밖의 거리가 딱 좋은 분들이 있어요. 다른 사람들과 관계를 맺을 때. 아무리 친해지더라도 나에 대한 얘기를 별로 하고 싶지 않아요. 가족들 얘기 별로 하고 싶지 않고요, 주말에 뭐했는지 얘기하고 싶지 않고요, 누가 '앞으로 언니라도 불러도 돼죠?' 그래도 '음……' 하는 분들이 있어요.

반면에 어떤 사람은 원 안으로 다가와줘야 친해졌다는 생각이 들어요. 방금 예로 든 사람도 이 사람과 안 친하다고 생각하지 않아요. 서로 존댓말 쓰고 사적인 얘기 별로 하지 않더라도 같이 일하는 동료로서 아주 친하다고 생각할 수 있어요. 필요한

일 같이 하고 자기가 편안한 범위 안에서 영화 본 이야기, 회사 누구 뒷담화, 이런 얘기 다 해요.

그런데 우리가 친하다면 여기까지는 알아야 한다고 생각하는 사람들은 그 정도로 만족 못하죠. 가족 사항은 어떻게 되니? 고등학교 어디 나왔니? 집은 어디니? 너 누구 아니? 그다음에 민증 까서 몇 살 차이네, 빠른 몇 월이네, 그러면 형이라고 해야겠네, 오빠네, 언니네, 가족같이 돼야 편해요. 그렇다고 엄청 친한 것도 아니에요. 그런 사람은 그냥 무조건 그래야 해요. 이런 사람들도 있어요. 그렇다고 이 사람이 무례하다고 할 수는 없죠?

자신의 직책이나 지위를 거짓말 하는 건 아주 나쁜 사인이에요.

사람마다 이게 다르니까 문제가 생기는 거예요. 이쪽 사람 입장에서는 저쪽 사람을 무례하다고 생각할 가능성이 많겠죠. 집에 왔더니 우리 반 친구가 우리 엄마랑 사과 깎아 먹고 있어요. '이제 오니?' 이러면서. 엄마가 '야, 네 친구 누구가 학원 일찍 끝나서 너랑 숙제 같이 한다고 먼저 왔더라' 하시면서 애랑 막 얘기하세요. 네 친구 되게 재미있다 하면서. 엄마랑 성격이 맞아요. 그럴 수 있겠죠?

그렇다고 얘가 무례한가? 얘는 그냥 그게 좋은 거예요. 친구

**모든 사람은
자기가 편한 만큼
다른 사람과
거리를 유지해요.**

집에 와서 친구 엄마한테 인사도 하고 어머니! 하면서 편하게 얘기도 하고 친구 흉도 보고. 하지만 거꾸로 이 사람이 친구였다면 아마 놀이터에서 기다리다가 만나서 같이 들어갔을 거예요. 심심하고 날이 더워도 혼자 가만히 앉아 있다가. 그런 사람이 있는 거예요. 둘 다 100프로 정상이에요. 취향인 거죠.

이 사람 입장에서는 무례하다고 볼 거고 이 사람 입장에서는 저 친구가 곁을 안 준다고 느낄 거예요. 우리가 친구가 된지 6개월이 지났는데, 내 옆자리에서 일한지 6개월이 지났는데 얘는 왜 이렇게 나한테 곁을 안 줄까? 나를 싫어하나? 되게 깍쟁이네? 내가 우습나? 이런 생각을 할 수 있어요. 서운해하는 거예요. 그렇다고 이 사람이 문제냐? 그건 아니에요.

우리가 알아야 하는 건 누구나 자신을 중심으로 본다는 거예요. 내가 편한 게 좋거든요. 모든 사람이 자기가 유지하는 그 거리만큼을 원하는데 사회는 그렇지가 않아요.

이런 사람도 있고 저런 사람도 있다는 걸 이해하고 각자 최적의 거리가 있다는 걸 알아야 하는데, 이분도 그게 안 되니까 항상 멀리서 거리 두기만 하고 있는 거예요. 근데 이 거리도 기질적인 거예요. 그건 타고나는 게 많아요. 그럼 어떡하냐? 그냥 여러분들이 생긴 대로 사시면 돼요.

이런 사람도 있고
저런 사람도 있다

다음으로, 저 사람은 어떤가를 아시면 돼요. 내가 불편한 건 내가 아는데 저 사람이 어떤가는 몇 개 던져봐야 알아요. 조금만 만나보면 저 사람은 둘 중 어느 쪽인지 이해하게 돼요. 그러면 거기에 맞춰주면 돼요.

쟤가 막 들이대는 친구면 내 레퍼토리 몇 개 만들어놓으면 돼요. 남에게 던져줄 수 있는 안전한 레퍼토리. 저는 그걸 퍼블릭 프라이버시(public privacy)라고 얘기해요. 공적인 사적 정보. 남들에게 던져줘도 되는 사적 정보들이 있어요. 그런 걸 몇 개 만들어놓는 거예요. 뭐 먹을 걸 줘야 얘가 만족을 하죠.

그런데 그걸 다 감춰두고 있으면 불편하니까 허둥지둥하다가 안 줘도 될 정보를 주고 집에 오면 잠이 안 와요. 얘한테 이 얘기했는데 어떻게 하지…… 하면서.

그러니까 안전한 스토리 몇 개 만들어두세요. 누구에게나 공정하게 줄 수 있는 것들 있잖아요. 파헤쳐도 특별히 문제가 되지 않을 것들. 그걸 던져주고 그다음 걸 물어보면 그건 대답

안 해도 돼요. 아무 대답 안 하면 저쪽이 서운해할 수 있겠지만 그 정도면 내가 정상 범위 안에서 살 수 있어요. 사회적 관계를 맺으려면 그렇게 하라는 겁니다. 무턱대고 관계 끊지 말고.

우리 인간은요, 간만에 정신분석 얘기를 하면 초자아와 자아와 본능이 있어요. 자아심리학의 관점에서 보면 자아가 튼튼해서 초자아와 본능을 잘 조절하면 사는 데 문제 없어요.

초자아는 두 가지로 되어 있는데 하나는 '이래야 해', '이런 건 하면 안 돼!', '이건 이렇게 해야만 해!'라는 죄의식과 죄책감이고 다른 하나는 '난 이런 사람이 되어야 해'라고 생각하는 자아 이상이랑 목표의식이에요. 대개 이건 내가 의식으로 만들어낸 것들이에요. 이게 초자아를 구성해요. 경찰이라고 얘기하기도 하고요.

그리고 본능은 말 그대로 본능 덩어리예요. 배고프면 먹어야 되고요, 화가 나면 던져야 되고요, 싸워야 되고요, 섹스하고 싶으면 섹스해야 해요. 즉각적인 만족을 해야 해요. 이런 것도 하나 있어요.

근데 자아가 약하면 양쪽으로 다 휘둘려요. 예를 들면 시험 전날인데 축구 경기가 있어요. 그럼 한쪽에선 '축구 봐야지 무

슨 소리야!' 반대편에선 '축구는 무슨? 공부해야지 건들지 마!'
하겠죠.

자아가 강하면 타협할 수도 있겠죠. 전반전만 보던지, 아니면
경기는 보지 말고 나중에 하이라이트만 보던지. 난 궁금해서 도
저히 못 참을 것 같아, 공부가 안 될 것 같아. 이럴 수도 있고요.

본능은 동기를 부여해서 나를 확 나가게 하는 힘이 되고요,
초자아는 방향을 제시해줘요. 이렇게 가야 하니까 자아 이상
이 브레이크를 걸어주거든요. '이러면 안 돼! 내가 종교를 믿
으니까 이렇게 하지 말아야지.' 이런 식으로요.

종교라는 강력한 초자아에서
조금은 벗어날 필요가 있다

이분의 이슈는 종교 단체가 만들어놓은 초자아가 있다는 거
예요. 그게 이분을 규정하고 있어요. 원래 종교라는 건 기본적
으로 뭐 하지 말라는 거예요. 세속적인 욕망에서 벗어나서 하
지 말라는 게 되게 많아요. 뭐 하면 큰일 나요. 벌 받아. 잘못하면
지옥 가. 검소, 검약, 타인의 삶. 나는 없어야 하고 진리가 중요
해. 대개 이런 얘기인데 이분은 그게 기본 탑재로 세팅되어 있
어요.

왜 그게 세팅되어 있을까 생각하면 이분은 사실 본능도 무지 센 거예요. 중학교 때 교탁 부숴버렸잖아요. 사실은 안에 부글부글한 에너지가 강한 사람이에요. 그러니까 자기도 놀랐어요. 팍! 했더니 박살나니까 '어? 이거 웬만한 브레이크 갖고는 안 듣겠다'라는 걸 아마 청소년기에 느꼈을 가능성이 많아요. 그래서 종교라는 무지 강력한 초자아를 탑재해버리고 더 이상 고민을 하지 않게 된 거죠. 그 안에 있을 때는 잘 굴러가니까요.

하지만 인간관계라는 건 기본적으로 융통성도 있어야 되고요. 가끔 더러운 짓도 좀 해야 되고요. 유도리라든지 윤활유가 있어야 하는 세계인데 종교라는 초자아로는 융통성 발휘하면서 적당히 사는 게 안 되는 거예요.

회사에서는 좀 봐주는 것도 있어야 되고, 남들 뒷얘기도 해야 하고, 더러운 짓도 살짝 해야 할 때가 있는데 이분은 이런 것들이 안 되는 거죠. 그러니까 회사에서는 '또라이 아냐?' 이렇게 보던지 '너는 어디 가면 왕따당할 게 뻔해.' 하는 거죠. 왕따당할 게 뻔하다는 건 '규정이 아니면 절대 안 해' 하는 스타일일 가능성이 많다는 거예요. '그건 규칙이 아니잖아요.' 이런 거. 근데 세상일이 그렇게 되지 않잖아요?

즉, 이분에게는 종교에 의해서 만들어진 초자아가 기본 개념으로 작용하고 있기 때문에 이분의 마음은 이슬람 국가 같은 데서 살고 있는 거랑 비슷해요.

그럼 그 안에서 순종하고 살면 되는데 이분은 안의 에너지도 엄청 강한 사람이에요. 안이 부글부글하는 거예요. 그래서 일도 굉장히 잘하는 거죠. 하다못해 거짓말을 해서라도 내가 직책이나 감투를 가져서 힘을 얻으면 그에 걸맞은 에너지를 그때그때 낼 수 있을 만큼 에너지는 매우 많은 분일 수 있어요.

그런데 초자아를 너무 강한 걸로 씌워놓고 있기 때문에 조정이 안 돼요. 몽땅 켰다, 몽땅 껐다밖에 안 되는 사람들이 있거든요. 그래서 정서적 허기도 느끼는 거고 누구 만날 때 거리감도 잘 못맞추는 거죠. '좋아, 싫어'에도 적당한 은근함이 있어야 하는데 이분에게는 '무조건 좋아', '무조건 싫어'밖에 없는 거예요.

이분은 새로운 초자아를 탑재할 필요가 있을 것 같아요. 성당 단체에서 조금 벗어나서 삶의 숨통을 좀 트셨으면 좋겠다는 생각을 합니다. 그러면서 에너지의 악순환을 선순환으로 바꾸는 부분들을 생각해봤으면 좋겠습니다.

'좋아', '싫어'에도
적당한 은근함이 있어야 한다.

세상 일이 언제나 규칙과 규정대로
흘러가지 않기 때문에.

집 – 회사 – 집 – 회사,
점점 외톨이가 되어갑니다

점점 외톨이가 되어가는 30대 초반 직장 여성입니다.

20대까지는 종종 만나는 친구도 있고 남자 친구도 사귀면서 잘 지냈습니다.

하지만 어느 순간 사람들을 만나는 게 시간 낭비라는 생각이 들었고, 혼자 집에서 책을 읽는 시간을 주로 갖게 되었습니다. 자연스럽게 친구들과 멀어졌고, 그나마 있던 친구들도 결혼해서 이제는 자주 연락하는 동성 친구조차 없는 상황이 되었습니다.

이성을 만날 땐 한 명으로 만족하지 않고 서너 명과 연락하면서 피상적인 관계를 맺습니다. 그러다 상대가 지쳐서 떠나버리면 그제야 후회하는 패턴을 반복하고 있습니다.

외로워

저의 하루는 거의 대부분 집-회사-집이에요. 앞의 분들처럼 다른 사람과 함께 있는 것보단 혼자 있는 게 편합니다. 공연도 혼자 보고 쇼핑도 혼자 합니다. 거의 집에 틀어박혀서 책이나 보고 음악 듣고 인터넷하고……그러면서도 엄청 외롭습니다. 직장에는 또래가 없어서 회사 언니들과 그럭저럭 관계를 유지해 나가고 있습니다. 동아리 가입이라도 해볼까 했는데 어디 가입해야 할지도 모르겠고, 귀찮습니다.

이젠 이성을 진지하게 만나고 싶다는 생각도 드는데 직장에는 남자가 거의 없고, 특별히 활동하는 것도 없으니 만날 기회가 거의 없습니다.

이대로 평생 혼자 살게 될까봐 두렵습니다.

조직의 톱니바퀴?
그거 아무나 되는 거 아니다

또 비슷한 사연인데요. 벙커에 오시는 분들은 다 비슷해요. 이상해요. 친구 없는 사람들만 여기 오시나봐요. 외톨이가 되어가는 직딩. 이것도 앞의 분들이랑 다 같아요. 참 신기해.

뭐 좋습니다. 나랑 똑같은 사람이 이렇게 많다니. '다들 비슷한 고민을 하고 있구나'라는 걸 아는 것만으로도 굉장히 위안을 받으셨을 거라는 생각을 해요. 여기 오신 분들 모두 완전 정상적인 분들이죠.

피상적인 관계를 유지할 줄 아는 것도
사실 대단한 능력이다

대한민국 20~30대 싱글들이 갖고 있는 고민의 상당수는 온전한 나와 집단에 소속되어 있는 나 사이에서의 문제인 것 같아요. 그 사이에서 어디에 균형추를 둬야 할지 모르겠고, 집단에 조금이라도 발을 깊게 담갔다간 확 빨려들어가서 조직의 톱니바퀴가 돼서 나라는 존재를 잃어버릴 것 같은 두려움이 있어요. 그래서 발을 많이 못 담그겠고요. 그렇다고 나 혼자 독립해서 독고다이로 살기에는 문화적으로나 사회적으로나 여러모로 불안해요. 이러다 독거노인이 돼서 혼자 쓸쓸히 죽을 것 같아요. 그건 또 겁나요.

적당한 선을 유지하면서 살 수도 있는데 그걸 인정하지 않는 것 같아요. 그걸 잘 못하겠어요. 세칭 그레이존(gray zone)이 있다는 걸 주변 사람들도 인정하지 않고, 이분도 이 둘 사이에서 왔다 갔다 하는 진자 운동이 잘 안 되는 것 같아요.

하지만 직장 생활도 하고 있고 서너 명의 이성을 관리하면서 만날 수 있다는 건 사실 대단한 능력이거든요? 한번에 서너 명의 이성을 만난다는 건 똑같은 영화를 세 번 볼 수 있다는 걸 의미하잖아요. 그러면서 참을 수 있다는 건 대단한 능력이에요. 심지어 간도 볼 줄 알고. 피상적인 관계를 꽤 유지할 줄 아는 분이에요.

사실은 더 외톨이로 사는 분들도 많을 수 있는데 오버해서 걱정하고 있는 거죠. '나는 못할지도 몰라' 하면서. 왜냐하면 둘의 관계조차 제대로 못할지 모른다고 생각하니까요. 사실 안 해봐서 그런 건데.

기회가 생기면 애매하게 있는 것보다 한번쯤 푹 찔러보는 것도 괜찮아요. 그리고 조직이 그렇게 무섭지 않아요. 요샌 그

215

'조직의 톱니바퀴가
되고 싶지 않아요!'
이런 얘기하는
친구들한테
'톱니바퀴 되는 게
얼마나 어려운데?'
라는 얘기를 합니다.

렇게까지 사람을 못살게 굴고 괴롭히지 않아요.

저는 '조직의 톱니바퀴가 되고 싶지 않아요!' 이런 얘기하는 친구들한테 저는 '톱니바퀴 되는 게 얼마나 어려운데?'라는 얘기를 합니다.

톱니바퀴가 되는 것조차도 굉장히 어려운 일이고, 네가 하는 말을 들어봐선 내가 생각하기에 너는 톱니바퀴 역할도 제대로 못할 가능성이 있다, 아귀도 잘 안 맞고 삐걱거려서 너 때문에 다른 사람들이 괴로워할 가능성도 있다, 제대로 된 톱니바퀴가 된다면 그 후에 얘기 좀 해보자, 라는 얘기를 할 때도 있습니다.

우리는 모두
다면성을 가진 존재

나는 이쪽에만 가 있는 것도 아니고 저쪽에만 가 있는 것도 아니에요. 우린 모두 회사에서 같이 회의하면서 커피 마실 땐 믹스 커피를 마시지만 혼자 스타벅스 갈 땐 내 나름의 취향으로 커피를 주문해서 마실 수 있는 사람이에요. 회의해야 하는데 '저는 원두커피 아니면 안 마시는데요.' 이러진 않잖아요.

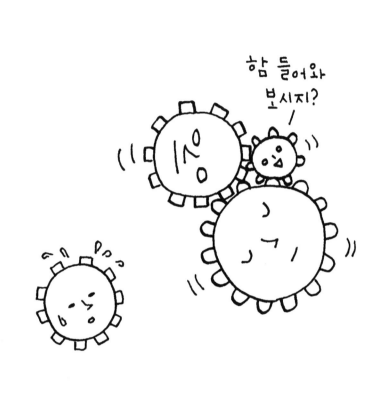

그만큼 '나'라는 사람은 다면성을 가지고 있는 존재라는 거예요. 근데 이쪽에 있으면 반대쪽에서 잘하는 사람들이 보이죠. 나보다 더 수월하게 하고 괜찮게 하고 좋아 보이는 사람들을 보면 내가 만족스럽지 않기 때문에 불안해지는 면들을 경험하게 되는 겁니다.

수십 년 전에 비하면 무척 잘살게 되었지만 우리들의 평균적인 삶의 만족도는 그때나 지금이나 똑같아요. 옛날에는 집에 뜨거운 물 나오면 감격했고, TV가 있으면 부자였죠.

그러나 지금은 모두가 최소한의 것들은 성취하고 살다 보니 남들과 비교해보면 내가 가진 게 다 거기서 거기인 것 같거든요.

이렇게 평균값이 계속 달라지고 남들도 다 이 정도는 사는 것처럼 보이니까 내 주변이랑 비교하면 내가 잘하는 것 같지 않고 잘사는 것 같지 않다고 느끼기 쉽죠. 그렇기 때문에 자기 자신에 대한 기대치가 높은 사람들은 항상 여러 가지 면에서 내가 못한다고 느끼는 부분들이 있을 수 있다는 겁니다.

나는 외톨이라고 생각하지만 사실 여러 명과 다 만나고 있는 거예요. 외톨이가 어떻게 서너 명의 이성과 연락하면서 삽니까? 일단 저는 이런 외톨이를 본 적이 없어요.

　동성 친구 중 자주 연락하는 친구가 없다고 하시지만 사실은 친구들이 다 결혼해서 그렇다는 거거든요. 이해관계가 달라졌잖아요. 30대 초반이시니까 아마 친구들이 좀 빨리 결혼하신 편인 것 같아요. 친구들과 이해관계가 달라져서 외로워지신 거겠지만 꼭 결혼한 친구들 아니어도 다른 친구들도 만나게 될 거예요. 그런 부분들이 있다고 말씀드리고 싶어요.

☑ ☺
☐ ☹

'나는 못할지도 몰라, 나는 못할 거야……'

어쩌면 오버해서
걱정하고 있는 건지도 모른다.
사실 안 해봐서 그런 건데.

언제나 버릇처럼
최악의 상황을 생각해요

저는 항상 '아, 사는 게 힘들다', '그냥 죽고 싶다'는 생각을 합니다. 길을 건널 때 급브레이크를 밟는 차를 보면 나를 치었으면 좋겠다고 생각하지만, 집이 보이면 엄마 아빠가 살아 계시는 동안은 죽지 말아야지 합니다. 그래서 부모님이 돌아가시고 나면 장례를 치르고 나서 내 뒤를 부탁할 사람이 누가 있을까 헤아려보기도 합니다.

서른을 몇 해 전에 넘겼고 9년째 만나고 있는 남자 친구가 있지만 결혼을 생각해본 적은 없습니다. 이따금 부모님이 외출하시면 혹시 사고가 나는 건 아닌지, 갑자기 병원에서 연락이 오면 어떻게 해야 할지, 혹은 장례를 치르고 있는 제 모습을 상상해보기도 합니다.

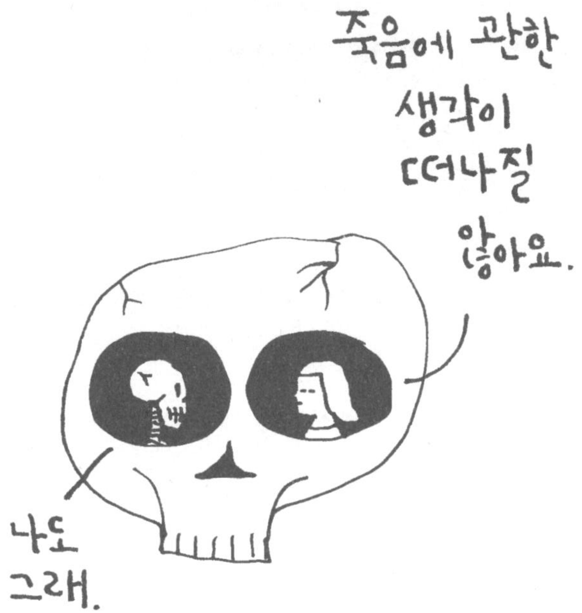
죽음에 관한
생각이
떠나질
않아요.
나도
그래.

그런 생각을 하는 것만으로도 눈물이 펑펑 나지만 제가 왜 이런 생각을 하는지 모르겠습니다. .

어렸을 때는 만성적인 우울감, 죽음에 대한 생각, 인간관계에서 받는 상처, 스트레스 때문에 정신과 상담을 받아야 하나 싶었지만, 나이가 들수록 나만 그런 것이 아니다, 다들 아픔이 있고 힘들다는 것을 알게 되면서 스스로에게 문제가 있다고 느끼게 되었습니다.

늘 막연하게 죽고 싶다고 생각하지만 한 번도 시도하지 않았고, 인터넷에 돌아다니는 우울증 테스트를 해보면 항상 잠과 식욕에 대한 항목이 있더군요. 다른 건 다 내 얘기 같다가도 그 부분에서 큰 문제가 없었기 때문에 누구나 하는 투정이라고 여겼습니다.

그런데 몇 년 전부터 잠과 식욕에도 문제가 생겼습니다. 아무리 피곤해도 쓸데없는 걱정이나 잡생각이 꼬리를 물어 두어 시간은 뒤척여야 겨우 잠들고, 하루도 빼놓지 않고 꿈을 꿉니다.

내용은 비슷한데 시험이나 발표, 강의를 앞두고 급하게 준비하지만 제대로 되지 않아서 압박감을 느끼다 깨거나, 악한

223

존재와 싸우거나 도망가다가 깨곤 하는데, 푹 잤다는 느낌을 받은 적이 거의 없습니다.

식욕도 거의 없어져서 살기 위해서 먹습니다. 하루에 한 끼만 먹는 날도 많고, 먹는 즐거움을 잃어버렸습니다. 그저 살이 너무 빠지니까 보기에 안 좋은 것 같아서, 또 끼니를 거르면 속이 쓰리니까 먹습니다.

제가 쓸데없는 생각이 많을 뿐 누구나 느끼는 어려움 때문에 힘들어하는 건지, 아니면 적극적으로 노력을 해야 하는 상태인지 궁금합니다.

내 인생의 현안에
집중하기

두세 가지 문제가 있는데요. 먼저 앞부분에 대한 얘기를 하겠습니다. 항상 죽음에 대한 생각을 하는 건 인간의 본능 중 하나이기도 합니다.

프로이트 할아버지 얘기를 잠시 할게요. 원래 프로이트는요, 인간은 리비도(libido)밖에 없다고 생각했어요. 성적인 에너지밖에 없고 본능 충동과 연관되어 있다고 생각했는데 1차 세계대전이 벌어졌어요. 자기 아들들도 참전을 하게 됐습니다. 그리고 수백만 명이 죽는 걸 보면서 '어? 어떻게 사람이 사람을 학살하고 대량으로 죽일 수가 있지? 이게 뭐지?' 하게 됐대요.

그러면서 인간에게는 에로스(eros)가 있는가 하면 공격성(aggression)이라는 것도 있다는 생각을 하게 돼요. 리비도, 에로스는 뭔가를 태어나게 하고 생산하는 쪽과 관련된 본능 욕구예요. 반면 이쪽에는 죽음에 대한 본능, 뭔가를 파괴시키고 내가 공격적으로 나가는 욕구가 있어요. 이렇게 인간에게는 두 개의 욕동이 있다는 이론을 만들게 됩니다.

그걸 '이중욕동이론(Dual drive theory)'이라고 얘기해요.

이 사연에서 제가 흥미로운 부분은 이거예요. '이분이 계속 죽음에 대해서 생각한다는 부분이 뭘 의미하는 걸까?'

좋다, 나쁘다를 떠나서 남자 친구도 있고 직장도 다니고 할 건 다 하시면서 머릿속으로는 계속 죽음에 대한 생각을 하고 있는데, 이분에게 죽음이 갖는 의미가 뭘까 궁금해요.

그런데 만약 종교적 이유가 있는 분이라면 '나는 굉장히 벌을 받고 있다'라는 식으로 나쁜 생각을 하고 있을 가능성이 많아요. 거기에 대해 죄책감을 가질 가능성은 있는데, 다만 제가 앞부분에 이런 얘기를 해드리는 이유는 이게 인간의 당연한 본능 중 하나라는 거예요.

어떻게 보면요, 자살한다는 게 사실 그렇잖아요? 동물은 생존 본능이 있는데 그 본능을 의지로 꺾을 정도로 인간이라는 게 독특한 존재예요. 그렇기 때문에 죽음, 죽음 이후에 대한 생각들을 할 수는 있는데 왜 이분은 이게 인생의 중심 테마일까? 똑같이 우울하더라도 죽음에 대해 생각하기보다는 좀 후회스럽고요, 누가 원망스럽고요, 화가 나고요…… 이런 사람도 있거든요. 그래서 이분은 '죽음'을 인생의 중심으로 생각하게 된 이유가 뭔지 생각해보셨으면 좋겠어요.

최악의 상황을 상상함으로써
지금 해야 할 일을 외면할 수 있다

두 번째는 심리학 용어 중에 '결론으로 점프하기(jumping to the conclusion)'라는 게 있습니다. '저녁 같이 먹을래?' 했는데 '싫어' 하면 쟤는 나를 미워하나 보다, 쟤는 나를 죽일지도 몰라, 이런 식으로 쭉 가버리는 거예요. 최악의 상황을 상상하는 습관이 만들어진 분들이 있어요. 왜냐하면 최악의 상황을 생각함으로써 중간에 벌어질 나머지 일들을 방어할 수 있거든요.

우리도 그런 경험 많이 해요. 예를 들면 일주일 동안 시험 보는데 첫날 시험을 좀 망치면 '나는 끝장이야, 내 인생 끝났어!' 하면서 최악의 시나리오를 얘기하고, 그 생각을 계속해요. 그러면서 지금 내가 겪을 괴로움이나 불안을 상대적으로 약하게 만들 수 있거든요. 그것도 일종의 전략이에요.

이분이 그런 전략을 쓰고 있다는 건 그만큼 지금 눈앞에 있는 일들을 제대로 하나하나 차근차근 고민하기 시작하면 '이걸 감당할 엄두가 안 나서'일 가능성이 있다는 겁니다. 그러니까 자꾸 '부모님이 멀리 가셨는데 연락이 안 된다든지 문자가 안 오면 큰일 나거나 사고가 나지 않았을까? 대구에 가셨는데 영천에 있는 병원에서 갑자기 연락이 오면 거길 어떻게 가야 하지? 내가 서울 집 근처로 영안실을 잡고 거기서 버스나 앰블런스로 돌아올 수 있는 걸까? 누구한테 연락해야 하지? 회사엔 뭐라고 얘기해야 하지?' 이런 시뮬레이션을 머릿속에 계속 그려보는 거예요.

그런 식으로 실제로 내가 지금 고민해야 하는 걸 안 할 수 있거든요.

이런 분들이 갖는 또 다른 특징 중에 성동격서(聲東擊西) 같은 게 있어요. 정치적인 이슈가 있을 때 꼭 연예인 스캔들 터지더라. 뭔가 우리가 얘기해야 할 이슈가 있을 때 꼭 이상한 사건이 터져서 사람들이 그쪽으로 가게 하죠?

우리 마음 안에서도 그런 일이 생길 수 있다는 겁니다. 강박적인 분들한테 이런 면이 꽤 있을 수 있는데 이분도 뭔가 죽음에 대한 생각과 고민을 차근차근 하는 걸 통해서 지금 내 인생의 현안을 회피할 수 있다고 생각하시는 것 같아요. 그런 경우도 은근 있거든요. 그런데 그게 뭔지를 정확하게 모르는 경우가 더 많아요.

대게 마음 복잡하고 머리 아프면 다른 일 하잖아요. 막 청소

할 때도 있고 갑자기 책꽂이를 다 엎어서 책 정리 쫙 하고 나면 내가 원래 해야 하는 일들을 좀 잊을 수 있죠. 그런데 이분은 최악의 상황을 시뮬레이션 함으로써 이런 경향을 보인다는 겁니다. 이런 게 습관화되는 건 좋진 않아요.

식욕과 수면에 문제가 생기는 건 나쁜 사인입니다.

거꾸로 보면 이런 겁니다. 이런 생각이 줄어들면 이 생각을 잠재워서 줄어드는 게 아니라요, 뭔진 모르지만 현실에 대한 고민이나 긴장도가 떨어지면 죽음에 대해 생각하는 빈도가 줄어요. 강도도 마찬가지. 빈도와 강도가 줄어들게 돼요. 얘는 때려잡으려고 할수록 더 커져요.

이걸 해결하는 건 완전히 반대쪽을 생각해서 얘를 생각할 이유를 없게 만드는 거예요. 그게 훨씬 나은 방법 중 하나예요. '나는 왜 죽음에 대해 생각할까?' 이게 이슈가 아니에요. 제 생각에는 지금 이분 인생에 뭐가 하나 있어요. 뭔지는 모르겠어요. 하지만 그것에 대한 긴장이 있으신 것 같아요. 결혼일지도 모르겠어요. 남자 친구를 오래 사귀었는데 결혼 생각 없다고 하시는 걸 보면. 남자 친구를 9년이나 만나고 있다고 하셨는데 본인은 생각을 하고 싶지만 뭔가 문제가 있지 않을까? 인생의 다음 단계로 가는 이슈를 정면 돌파하는 게 잘 안 되는 건 아닐까? 이런 생각이 약간 들기도 하고요.

제가 추측하는 건 직장 문제일 수도 있고, 독립 문제일 수도 있고 하여튼 좀 큰 이슈가 있는데 부모님 문제라든지 이런 것 때문에 못하고 있는 건 아닐까 생각해요. 이건 제 짐작입니다. 그 문제가 어느 정도 정리가 되면 이런 습관이 자연스럽게 없어질 가능성이 있어요. 왜냐하면 더 이상 이걸 할 이유가 없어지니까요.

우울증과
우울함의 차이

식욕과 수면에 문제가 생기는 건 나쁜 사인으로 봅니다. "우울증하고 우울한 느낌하고 뭐가 달라요?" 하고 물어보시면 생리적 변화가 있는 것과 없는 것의 차이라고 아주 간단하게 말씀드립니다.

우리나라 속담에 이런 말 있죠? '등 따시고 배부르면 장땡이다.' 등 따시다는 건 잘 잔다는 거고 배부르면 잘 먹는 거죠? 이 두 개가 잘되면 기본 70퍼센트는 되는 거예요. 근데 이 두 개가 망가지면 기본 70퍼센트가 안 되는 거예요. 이렇게 되면 아무리 좋은 생각을 해도 사상누각(沙上樓閣)이에요. 우리 몸의 기본적인 생리 리듬이 잘 돌아가고 있으면 머릿속으로 만날 비관적인 생각, 죽음에 대한 생각을 해도 괜찮아요. 정 그게 문제가 되면 심리상담 받으러 가시면 돼요. 그것 때문에 계속 인간관계에 이상이 생기면요.

그런데 이분같이 잠드는 데 두 시간씩 걸리고 항상 피곤하고 집중도 안 되고 멍한 채로 지내고 식욕도 없고 살이 자꾸 빠지는 건 내 몸에서 항상성이 제대로 유지가 되지 않는다는 거예요. 잘 자고 잘 먹어야 선순환이 되는데.

그리고 두 번째는 셀프 컨피던스(self confidence)가 만들어져요. 나의 유물론적 토대가 내 몸이잖아요. 소마(soma)라는 게 정확하게 움직여줘야 되는데 그게 안 된단 말이죠. 그럴 땐 약 먹어야 돼요. 그럴 때 저희가 '임상적 우울증'이라고 얘기하거든요. 그러면 백날 상담해도 안 좋아져요. 나아지기야 하겠지만 생각을 아무리 그쪽으로 하려고 해도 내 몸이 못 따라가요. 그럴 때는 약물 치료나 병원 치료가 필요한 우울증, 일종의 폐렴 증상과 같은 생리적 변화라고 봅니다. 그땐 약물 치료 같은 게 필요해요. 그리고 확실히 빨리 좋아지고요.

231

이런 걸 뭐라고 생각하시면 되냐? 우리 뇌가 딱딱하게 굳어 있는 찰흙이에요. 그동안 네모로 살았는데 세모 구멍에 들어 가야 돼요. 근데 안 들어가요. 이때 생리적 변화가 없는 분들은 뇌가 말랑말랑해서 조금만 연습하면 금방 들어가겠죠. 그걸 세모로 만들 줄 몰라서 안 들어가는 거지 못 만드는 건 아니잖 아요.

근데 뇌가 딱딱해진 사람들한테는 물을 좀 넣어줘야겠죠.

물 넣어서 뇌를 말랑말랑하게 한 다음 세모로 만들어서 칸에 집어넣으면 되거든요. 그렇게 해서 잘 들어가게 되면 더 이상 물을 넣어줄 필요가 없겠죠. 약을 평생 먹는 게 아니란 거예요.

즉, 이분이 생각하시는 패턴은 이해할 수 있는 부분이지만 여러 가지 나쁜 사인들이 보여요. 그런 면에서는 도움을 좀 받으셨으면 좋겠어요.

끝없는 자기혐오와 우울,
너무 괴로워요

20대 중후반 여성입니다. 저의 감정을 두 단어로 정의한다면 자기혐오와 우울이에요. 전 늘 우울하고, 제 자신이 너무 싫고, 죽고 싶다고 생각합니다.

친구 말로는 이런 얘기를 3년 전에도 했다네요. 20대 초반에는 제 우울에 취해서 온갖 유난을 떨었는데 요즘은 그마저도 할 기운이 없습니다.

대신 신체 증상이 나타나기 시작했어요. 잠을 못 자고, 잠이 들어도 금방 깨고, 가슴이 답답하고, 집중을 못하고, 늘 무기력해요. 청소한 지 오래되어 방에 곰팡이가 피고 있고요.

잠들기 전에 잠깐 생각하는 것도 싫어서 늘 TV를 켜두고 잠들 때까지 버티는 게 일상이 되었습니다. TV 소리가 들리지 않으면 온갖 생각이 드는데 저 자신에 대한 혐오를 강하게 느끼기도 합니다.

제가 우울한 이유는 너무 단순해요. 전 예쁘지 않고 뚱뚱해요. 늘 노력에 대한 보상을 눈앞에서 놓쳐왔고요. 제가 이토록 우울한 이유들이 너무나 보잘것없어서 우울하다고 느끼는 제 자신이 너무 싫고 지겹습니다. 자꾸 반복되는 악순환을 끊어보려고 이번이 마지막이라는 마음으로 뭔가에 도전했지만 또 실패했어요.

그리고 나서 최근 들어 평소보다 심한 무기력증에 시달리고 있습니다. 부모님은 제 자신과 현실을 받아들이라고 하시는데 아무리 노력해도 억울한 감정과 분노가 줄어들지 않아요. 또다시 도전은 못하겠고, 현재 상황은 마음에 안 들고…….

상담센터나 정신과에 몇 달 다닌 적도 있는데, 지금 생각해보니 이걸로 '내가 얼마나 불쌍한가'에 대한 레퍼토리만 생성된 것 같아요. 이제는 왜 제가 우울한지 아주 논리적으로 이야기할 수 있을 것 같아요.

지금 필요한 것은 '실질적으로 어떻게 하면 우울과 무기력에서 벗어날 수 있을까'입니다. 종교에도 기대어봤고, 운동이나 연애도 해봤고, 긍정적으로 생각하려는 노력도 해봤지만 이제 '쓴 쿠키를 먹다 보면 언젠가 달콤한 쿠키도 나온다'는 말이 역겨울 만큼 꼬인 사람이 되어버렸습니다. 앞으로도 이렇게 살까봐 두렵습니다. 어떻게 해야 할까요?

　주어진 삶에 만족하는 삶, 남과 비교하지 않는 삶 같은 불교적인 조언 말고 실질적인 조언 부탁드릴게요.

어설픈 심리상담은
위험하다

'국영수 공부하지 않고 성적이 잘 나오는 방법을 알려주세요'
같은 얘기예요. 우선 우울한 이유가 정말 예쁘지 않고, 뚱뚱하
고, 노력에 대한 적절한 보상을 눈앞에서 놓쳐왔기 때문일까
에 대해서는 의문입니다.

이 부분에서 등장하는 하나의 변수는 이분의 정신과와 상
담센터 병력이에요. 여기서는 내가 얼마나 불쌍한 사람인가를
더 이론으로 논리적으로 재무장하게 됐다고 얘기를 하십니다.
저도 이 부분에 굉장히 동감합니다.

심리상담은
마술이 아니다

제가 고등학생들을 많이 만나요. 학교 안 가겠다고 땡깡 부
리는 사춘기 애들요. 이 친구들 약물 치료하고 좋아져서 학교
를 다니기 시작하면 엄마들이 항상 하는 말이 '선생님, 왜 이
렇게 애를 짧게 보세요?'예요. '애 이야기를 끝까지 들으셔서
속에 있는 걸 다 털어내야 좋아지는 거 아니에요?'

그러면 저는 '속에 있는 거 다 털어내면 어떻게 감당하시려고요?'라고 엄마한테 얘기해드려요.

그다음에 엄마들이 상담센터에 가야겠다고 얘기해요. 이제 좋아졌으니까. 약은 그만 먹이고. 상담센터에 가서 선생님과 오래 상담을 하면 애가 좋아지지 않을까? 속에 있는 얘기 다 털어내면 좋아지지 않을까? 그런 말씀들을 하십니다.

내가 왜 이렇게 됐을까를 알아서 뭐하려고요? 세상에 털어서 먼지 안 나는 사람 없어요.

외래 진료 다니는 건 우리 애가 병자 같아서 싫대요. 갑자기 생각이 바뀐 거죠. 한 달 동안 학교 안 다니던 애 학교 가게 만들어놨더니. 물에 빠진 사람 건졌더니 '왜 내 지갑이 젖었어요?' 하는 사람들 있거든요. 그러면서 상담에 무슨 마술이 있다는 생각들을 하세요. 여러분들이 여기 오신 것도 어떻게 보면 그런 환상일지 몰라요.

그럼 저는 얘는 상담하면 안 된다는 말도 많이 해요. '내가 왜 이렇게 됐을까'를 알아서 뭐하겠냐는 거예요, 지금. 왜냐하면 털어서 먼지 안 나는 사람 없어요. 어떤 집안이건. 그 말을 꼭 해드리고 싶습니다.

싸이콜로지컬리제이션(Psychologicalization)이라는 단어가 요즘

239

심리 강연, 심리 책
너무 찾다 보면 그걸
심리화하게 돼요.
굉장히 위험해요.

미국에서 뜨고 있는 단어 중의 하나예요. '심리화'거든요.

이런 강연회에 많이 오고 이런 책을 자꾸 읽다 보면, 그걸 자꾸 나한테 대입하게 되고 심리화하게 돼요. '우리 집안에는 이러이러한 일이 있었고 내 기억은 이런데, 그래서 내 인생이 이렇게 꼬였나 보다'라는 합리화 내지는 정당화를 하는 경향이 생겨요.

근데 이게 굉장히 위험할 수 있어요. 왜냐하면 나를 설명하는 이론의 틀, 일종의 신념의 틀이 생기잖아요? 그러면 그 이후에 벌어지는 일들을 죄다 그 틀에 집어넣게 되거든요. 그걸로 나의 오늘을 설명하려고 해요. 그건 자칫 위험할 수 있습니다. 설명하려면 한없이 설명할 수 있거든요.

이분도 내가 얼마나 불쌍한 사람인가에 대한 레퍼토리만 만들게 됐다고 하시잖아요. 물론 저는 정신분석을 전공한 사람이고요. 저도 정신분석을 받았고 환자들 정신분석 치료도 많이 해본 사람이지만 여러분같이 멀쩡하게 사는 분들은 받을 필요 없어요. 할 필요 없어요. 굳이 뚜껑 열어서 뭐하려고요? 그냥 잘 지내면 되지.

정말 하고 싶어, 정말 해도 해도 뭐가 안 돼! 나한테 너무 중요하기 때문에 좀 더 나아지고 싶어, 내 인생의 4분의 1 정도 되는 시간과 노력과 돈을 써서라도 거기에 투자하는 게 하나도 안 아까워, 내 인생에서 엄청 중요해, 그거 못 받으면 나는 더 이상 행복해지지 않아. 그럼 받아도 돼요.

하지만 그렇지 않은 경우에는 괜히 뚜껑 열지 마세요. 모르고 사는 게 나을 때도 많아요. 바람을 피우면 '도대체 왜 그랬니?' 이런 거 물어보죠? 왜가 어딨어요? 그냥 그렇게 된 거죠. 왜? 어쩌다 그랬어? 왜? 그거 알 수 없는 거 참 많아요. 너무나 복합적인 일이기 때문에. 이게 인재냐? 천재냐? 국가 시스템의 문제냐? 어떻게 매번 이런 걸 알아내겠어요?

방 청소 안 해서 곰팡이 생긴 건 안 좋은 거예요. 없어야 하는 게 있는 겁니다. 다음에 잠. TV 켜놓고 잘 때까지 버티는 건 일상 리듬이 깨져 있다는 거예요. 그것도 안 좋은 사인이에요.

저는 하수관이 역류한다는 표현을 쓰는데 그런 게 올까 봐 무서운 거예요. 머릿속에 굉장히 우울하고 나쁜 이야기가 악순환처럼 돌고 있어요. 그래서 뭐라도 계속 자극을 받아야 해요. TV건 라디오건 게임이건 인터넷이건 계속 자극을 줘서 얘가 안 떠오르게 하는 거예요.

아마 이분이 하는 모든 생각의 결론은 '그래서 내 인생은 똥이야', '우울해', '나는 끝장이야'로 끝나는 레퍼토리일 거예요. 안타깝습니다.

이 세 가지 이야기는 우리 분야로 치면 임상적 우울증, 병으로써의 우울증을 갖고 계신 분이라는 생각이 들어요. 그렇기 때문에 사실 상담도 받고 경우에 따라 약물 치료도 받아야 할 가능성이 있다는 생각이 듭니다.

이유가 있어서 우울한 게 아니라
우울하기 때문에 이유를 만들어낸다

이분도 객관적으로 보면 자기가 우울할 이유가 없는 삶이라고 하시죠? 하지만 상담센터 가서 나의 스펙과 살아온 레퍼토리를 얘기하면 나는 우울해야 해요. 왜냐하면 이분이 지금 우울하기 때문에 상담사나 정신과 의사한테도 내가 우울할 수밖에 없는 정보들만 던지거든요. 그렇겠죠?

어릴 때 무슨 일이 있었고요, 뭐가 있었고요, 그러면 의사나 상담사가 좋은 반응을 보이는 건 자기 이론의 프레임에 맞는 얘기가 나올 때겠죠? '어! 맞아. 더 얘기해봐' 이러거든요.

어, 맞아. 그거 좀 더 얘기해. 어릴 때 있었던 일 더 말해보라고 해요. 제가 1등도 했는데…… 하면 그건 넘어가요. 좋았던 기억 말고 더 안 좋은 거 많잖아. 불어. 빨리.

왜냐하면 우리도 전문가니까 각자가 만들어놓은 이론이 있거든요. 그 이론의 틀에 맞춰서 얘기하고 싶은 거예요. 그래서 제가 '맞아, 그거 있지!' 하는 거죠. 그런 게 수령일 수 있다는 거예요.

그런 생각을 하시면 좋겠고, 자기혐오와 우울은 분명히 있을 텐데 한편으로는 자신의 현재 삶을 잘못 이해하고 있는 부분들 때문에 이런 것들이 더 생길 수 있다는 것도 아셨으면 좋겠어요.

이분의 오늘은 지금 이 관점에서 보고 있는 오늘이에요. 그러다 보니까 이 관점에서 나를 설명하기 위한 과거가 필요해요. 자꾸 그런 것들을 줄을 세우면 나의 오늘을 설명할 수 있습니다. 내가 지금 거지 같은 이유, 내가 지금 실패한 이유 열 가지.

우리는 굉장히 합목적적인 사람이기 때문에 내일도 거지 같을 거라고 생각할 수밖에 없고 내일도 안 좋은 일만 생길 거야, 라고 앞날을 예측하는 것은 너무나 당연한 벡터값입니다. 우리 뇌는 되게 논리적이에요. 거시적으로 보면 말이 안 되고 이해할 수 없지만 미시적으로는 우리 머리가 굉장히 합목적적으로 잘 돌아가요. 다들 상식적으로 머리가 좋은 사람들이라서 다 그럴 듯한 얘기로 설명을 한단 말이에요.

게다가 상담센터나 정신과에 가서 들은 몇 개의 이론, 책도 찾아보고 나는 왜 이럴까 하면서 파헤쳐본 지나친 내면 성찰들이 이 얘기들을 줄 세우면 나머지 기억들은 다 의미가 없는 기억이 돼버려요. 부수적인 기억이 돼버리는 거죠. 그게 신념의 오류예요. 그렇게 하나의 신념 체계가 만들어지게 됩니다. 물론 노력에 대해 적절한 보상을 받지 못했고 안 좋은 경험을 했던 일들이 이분에게 굉장히 힘들었겠지만, 단지 그것 때문만은 아니라는 거예요.

당신은
당신을 사랑합니까?

시작할 때 청소 얘기를 잠깐 했는데요. 쓰레기투성이에 먼지가 풀풀 날리고 정리정돈 하나도 안 된 집이 있다고 생각해봐요. 누가 여기에 오고 싶겠어요? 당연히 오기 싫죠.

마음도 마찬가지예요. 나를 좋아하지 않으니까 나를 가꾸지도 않고, 청소도 안 하고 지내니 만날 찌뿌둣하고, 화만 내고, 예민하고, 그러니까 나한테 다가오는 사람이 없겠죠. 근데 조그마한 원룸이라도 쓸고 닦고 가꾸면 가보고 싶겠죠? 같은 이치예요.

그래서 가장 기본적인 부분이 'Do you like you?'입니다. '당신은 당신을 사랑합니까?'부터 시작하자는 거죠. 엄청난 노력을 하는 게 아니라 '나'부터 시작하는 거예요. 내 가치를 찾아서 오늘에 집중해야죠. 오늘이 괜찮아지면 내일도 괜찮아질 거라는 생각이 들어요.

그런데 그게 잘 안 되는 이유는 우리가 다 한방을 원하거든요. 이런 분들이 좋아하는 동화가 〈백설공주〉와 〈미운 오리 새끼〉예요. 전 이 두 가지 동화를 제일 싫어합니다. 〈백설공주〉와 〈미운 오리 새끼〉의 문제는 주인공의 노력이 들어 있지 않아요. 백설공주는 가만히 있었더니 왕자가 와서 결혼하고, 미운 오리 새끼는 알고 보니 혈통이 다른 놈이었어요. 가만히 있었더니 백조가 된 거잖아요. 어떤 훈련을 통해서 백조가 된 것도 아니고.

그런 변신에 대한 환상들이 있거든요. 근데 인생은 그게 아니라는 거죠. 이런 생각을 하시면 좋겠습니다.

박물관에 있는 사기그릇을 한번 상상해볼까요? 원래는 매끈했을 그릇 표면에 흠이 나 있고, 하물며 테두리는 이도 살짝 빠져 있죠? 만일 누가 조선시대 그릇이라고 들고 왔는데 흠집 하나 없다면 어떨까요? '혹시 사기 치려는 게 아닐까' 하는 마음부터 들지 않을까요? 조금 흠집이 나야 정상이고 도리어 진짜라서 믿을 만하다고 생각할 겁니다.

우리 인생도 그래요. 수십 년 세월의 풍파를 맞았는데 완전 말짱해요. 그러면 그건 의학의 도움을 심하게 받았거나, 어떤 어려움도 겪어보지 못한 진공포장 상태로 평생을 살아온 면역력 제로인 사람일 가능성이 많습니다. 어느 쪽도 좋은 것은 아니죠.

서두에서 말씀드렸듯이 지금껏 살아오면서 이런저런 힘든 일이 있었지만, 이 책을 여기까지 읽어낼 만한 집중력을 갖고 있고, 책의 내용을 이해했고, 또 여기 나온 사례들이 내 이야기인 것처럼 느끼거나 공감이 되는 분이라면 저는 지금까지의 삶 대부분이 정상 범위 안에 있었다고 말하고 싶습니다.

한마디로 웬만해서는 정상에서 벗어나기가 쉽지 않습니다. 그런데도 불구하고 힘들다고 느끼는 이유는 나의 문제보다는 우리가 숨 쉬고 있는 환경이 나라는 사람을 자꾸 이상한 것처럼 느끼게 만드는 면이 커서예요. 주변을 둘러보면 나만 덜하고 있고, 문제가 있고, 결함이 있는 것같이 여겨지거든요. 그리고 세상이 내게 요구하는 '이 정도는 해야 하는 거 아니야?'라는 조건도 갈수록 많아지고요.

배낭을 메고 산을 오르는데 내가 씩씩하게 올라가니까 1킬로미터 지점마다 1킬로그램짜리 짐을 하나씩 더 얹어준다고 해봅시다. '다른 사람이 힘들어하니까 나눠서 메야지' 하는 마음으로 받아들였는데 고마워하거나 이 정도면 됐어 하는 게 없어요. 자꾸 얹어주는 거예요. 어디서 자빠지나 한번 보자는 마음으로.

우리 사회가 그나마 꾸역꾸역 열심히 해나가고 있는 사람들에게 요구하는 것이 바로 이런 게 아닌가 하고 그려볼 때가 있어요. 실제로는 남들보다 잘하고 있는 사람들이 더 힘들어하는 거예요.

저는 이 책을 다 읽고 나서 여러분들이 정상의 범위가 무엇인지 감을 잡았으면 좋겠어요. 스트라이크 존이 어디인지 알아야 한다는 것이죠. 그게 기본이 돼야 뭐가 문제인지 알 수 있는데, 우리는 한가운데에서 조금만 벗어나도 다 잘못 던진 공이라고 여기는 버릇이 있어요.

그건 어릴 때부터 '최선, 열심히, 완벽'이란 세 단어를 머리끈에 박아 질끈 동여매고 살아왔기 때문이에요. 조금이라도 벗어나면 큰일나고, 조금만 나태하면 질책하고, 속도가 늦춰지면 자학하면서 살다 보니 그러지 않으면 영원히 도태될 거라 믿고 있어요.

이제 책장을 덮고 머릿속에서 '최선, 열심히, 완벽'을 지우려고 노력해봅시다. 대신 그 자리에 '웬만하면 정상', '대세에 지장 없다면 그게 그거'라는 말을 채워보세요. 스트라이크 존이 넓어지면서 몸에 들어가 있던 힘이 빠지고 편안한 마음이 들 거예요.

한 사람만 그러면 뒤처지는 것처럼 보이겠지만 만일 우리 모두가 시프트다운(shift down)을 하게 된다면 훨씬 나아지지 않을까요? 정상이냐 비정상이냐 경계를 나누는 것은 마치 밤과 낮의 경계가 어디냐고 말하는 것과 같아요. 몇 시 몇 분부터 밤이라고 정해야 직성이 풀리는 사람은 없듯이 우리 삶도 꼭 '이건 정상이다, 비정상이다'라고 가를 필요가 없는 게 더 많아요.

애매하고 모호한 걸 견디는 것이 바로 그 사람의 내공의 힘입니다. 우리 모두 내공의 힘을 기릅시다. 그러면 웬만하면 내가 정상 범위 안에 있고, 잘해내고 있다는 걸 깨닫게 될 거예요. 내가 진짜로 이전보다 더 잘한 게 아닌데도 말이에요. 신기한 일이죠?

그렇다면
정상입니다

첫판 1쇄 펴낸날 2015년 7월 29일
2판 7쇄 펴낸날 2022년 5월 16일

지은이 하지현
발행인 김혜경
편집인 김수진
편집기획 김교석 조한나 김단희 유승연 임지원 곽세라 전하연
디자인 한승연 성윤정
경영지원국 안정숙
마케팅 문창운 백윤진 박희원
회계 임옥희 양여진 김주연

펴낸곳 (주)도서출판 푸른숲
출판등록 2003년 12월 17일 제2003-000032호
주소 경기도 파주시 심학산로 10(서패동) 3층. 우편번호 10881
전화 031)955-9005(마케팅부), 031)955-9010(편집부)
팩스 031)955-9015(마케팅부), 031)955-9017(편집부)
홈페이지 www.prunsoop.co.kr
페이스북 www.facebook.com/prunsoop   **인스타그램** @prunsoop

ⓒ하지현, 2015
ISBN 979-11-5675-610-1 (03180)